戲精三國

那些騙過你的三國人物

李又宗 著

作者序
寫給三國迷的情書

《三國志》有個特色——作者陳壽是那個年代的人。

《三國志》歸類在二十四史中的第五史，前四史是《春秋》、《史記》、《漢書》、《後漢書》。《史記》因司馬遷著書時已年代久遠，讀起來不像史書，反倒像小說，有很多小說的春秋筆法和個人價值觀植入；《漢書》和《後漢書》則因修史是官方指派的工作，大多會隱晦當權者的缺失，甚至有欺騙的嫌疑。反觀《三國志》，陳壽不但有第一手史料，下筆時不會有過多猶豫和隱晦，畢竟寫書時，三國已不在了，可以大膽放開來寫，除了寫到司馬懿的部分稍微委婉，其他三國人物，可說是嚴謹而客觀。

陳壽筆下的三國，可以看到他做為良史的影子，例如寫出曹操曾騙過叔父，以及和袁紹搶新娘的事蹟，這在前四史完全看不到，相當可愛；還寫到：「太祖運籌演謀，鞭撻宇內，擥申、商之法術，該韓、白之奇策……抑可謂非常之人，超世之傑矣。」表面上看沒問題，但史書對帝王的評價多以品德為先，陳壽寫曹操時，提到的都是權謀，舉的例子像申不害、商鞅、韓信、白起這四人，看似功名顯赫，但全是臣子，不是帝王，且除了申不害以外，其他三人都沒有好下場，從這裡就能看到陳壽對曹操的「春秋筆法」，乍看是讚頌，但細細品嘗會發現他只把曹操當作權臣。

寫到劉備時，陳壽說其「有高祖之風、英雄之器」，甚至託孤行為是「君臣之至公，古今之盛軌」。提到劉備和劉禪多有避其名諱的狀況，以先主、後主稱之，雖然是「傳」，而非帝王的「紀」，但劉備死時，陳壽用「殂」這個字，「殂」曾用來形容舜的死亡，在陳壽的心中和筆下，劉備也是帝王身分，只是不好明說。

至於曹丕，陳壽寫得很毒辣，一開始說他「文帝天資文藻，下筆成章」，後面說「若加之曠大之度，勵以公平之誠，邁志存道，克廣德心，則古之賢主，何遠之有哉」，意思是曹丕文筆不錯，不過要是度量能大一點，離賢主也不遠了。這段評語像不像小學導師替學生打期末評語？

提到孫權，陳壽更不留情面說：「屈身忍辱，任才尚計，有句踐之奇英，人之傑矣。」後面卻「性多嫌忌，果於殺戮，暨臻末年，彌以滋甚。至於讒說殄行，胤嗣廢斃」，前面說他是句踐（地方邊緣霸主），後面說腦袋有洞，殘忍好殺，把國家搞得烏煙瘴氣，根本不是東西，對孫權一句好話都沒有。

陳壽寫三國純屬私人興趣，不是官方工作。其實陳壽過得滿清苦的，朝中官員看到他筆下的魏國，大感不滿而排擠他，使其被貶到外地；《三國志》流傳開後，讀書人覺得寫得不錯，考究嚴謹，甚至包含關於日本的史料，才能名列二十四史之中。《三國志》的另一特色是文筆簡樸實在，也因春秋筆法和惜字如金的風格，增添許多後人的想像空間，便成為本書創作的動機。做為筆者，希望透過歷史沒提到的空白，輔以史實上的描述，闡述出不同以往的三國人物形象。

你會在書中看到呂布是會計、曹操是美食家兼釀酒師、曹丕是愛甜食的吃貨、漢獻帝的愛情故事、關羽不是大意失荊州、馬謖上山的另一個理由、劉禪是堪比金馬影帝的傑出演員，這些都是課本中少見的形象，也是茶餘飯後細品的高級八卦。歷史上提到的事情很重要，但歷史的留白同等重要，因為這些留白，讓後人有更多的想像和討論空間。

希望你會喜歡這本書。

李又宗　二〇二四年七月十五日

目次 *Contents*

第一章

黃巾之亂，一場浩大的直銷盛宴

日本的三國遊戲大多以黃巾之亂做為開場，既然是開場，就是要給玩家練習，難度通常是整個遊戲中最簡單的，遊戲公司大多會在裡頭做一些教學，或是給玩家上手的溫馨提醒，讓許多玩家對黃巾之亂產生一個誤解——弱。例如大賢良師張角，常被塑造成陰陽怪氣的角色，不是整天在祭壇上用奇怪的音調呼風喚雨，就是用直銷口吻對著一干頭戴黃巾的信徒發表演說，看起來既不聰明，也不勇猛，很難想像這窩賊居然是東漢末年最大的一幫叛亂分子，畢竟，這種形象說多奇特就有多奇特。

宗教組織

史實上的黃巾之亂可是締造歷史新猷——中華史上第一個宗教組織的叛亂，當時東漢共有十三州，黃巾之亂占了八州，信徒高達數十萬人，雖說九個多月就被朝廷平定，但間接宣告東漢王朝的死期。黃巾之亂以後，各地留有黃巾餘黨，加上漢靈帝是個又懶又無能的皇帝，為了有效平亂，只能聽從劉焉的建議下放權力，將個別刺史改做州牧，並讓重臣或宗室擔任，也允許這些人擁有該地的軍政大權，導致東漢末年群雄割據的現象。不管史家或遊戲，多以黃巾之亂做為三國開端，原因就是在此。

《資治通鑑．漢紀》：「朝廷遂從焉議，選列卿、尚書為州牧，各以本秩居任。以焉為益州牧，太僕黃琬為豫州牧，宗正東海劉虞為幽州牧。州任之重，自此而始。」

王朝走到末年，通常會產生一個現象：「流民」，指失去土地依附的人民。導致這個現象發生的原因是「土地兼併」，地方豪強或仕紳透過各種手段奪走百姓的土地，流民因而產生。土地一方面可以供給百姓的日常生活，但最重要的目的是將百姓牢牢和土地綁在一起；如果農民離開土地，而恰巧有人能用「某些手段」把流民組織起來，對封建王朝來說，會是非常大的威脅。

歷史上，統治者通常反對民間宗教的理由也是如此，除了佛教以外，君王大多非常排斥其他外來宗教，清代的天地會、白蓮教，太平天國的拜上帝教等，都是很好的例子。而滿足農民起義的條件有兩個：

其一，**要有數量足夠多的流民**。

其二，**要有把流民動員起來的組織集團**。

上面兩個條件都滿足了，封建王朝離滅亡就不遠了；而如何發展出一套有紀律、有持續性、讓流民自願掏心掏肺的領導方式，便是歷來流民領袖的思考之處，如果只是像陳勝、吳廣那種為了免於喪命而起義的方式，被朝廷剿滅的機率很高，追根究柢就是組織向心力不夠強，打起仗來很難同心同力。

宗教這時就成為好組織，它講求信仰和奉獻，而且必須誠心誠意，方能獲得好回報，就算在過程中喪命，教主也能說，你將會前往無痛無病的極樂世界，痛痛不見了，再也不用受苦。這正好說明朱元璋是明教出身，但掌握天下以後，第一個要剷除的就是明教。

企業經營金三角

張角為了這齣黃巾大戲，足足籌備十多年，過程中展現他一流的企業經營手腕，加上高端行銷話術和企業願景，堪稱東漢末年「黃巾股份有限公司」的黃金CEO！可以試著從企業經營金三角「公司－制度－產品」來深入剖析：

一、產品面：醫藥產業

如果去市場巷弄看看，有一種店面的業績特別好，就是賣健康醫療產品的，畢竟人的一生都會經歷生老病死，只要和生老病死有關的產業，都可以稱為「剛性需求」，就是所謂的必需品，像是在歷史上鹽業就是很有趣的行業，政府只要沒錢了，都會進行鹽業專賣或加徵鹽稅，例如漢武帝晚年打仗打到國家財政困難，最後腦筋就動到鹽業上面。有生便會有死，殯葬、棺木、墓地這些產業，從古至今都是暴利行業；與老病相關便是醫療產業，但古代資源不豐，加上專制政府都想要即戰力，醫療可是既耗時又花錢，還不一定有效，也因為這樣，醫療老是不被古代官方重視，隨便找幾部古裝劇，都會看到皇帝動不動就下令把太醫拖出去斬了，連曹操都把華佗砍了，可見醫生古代地位的低下。

順道一提，韓國的醫女更是可憐，除了醫病以外，有時還得充當官員們的玩物。

雖說創業是艱難的，九〇%的新創企業基本上都活不過一年，剩下的一〇%在第二年又會有九〇%倒閉，意思是一百家新創公司，最終只有一家可以順利活下來。產品是一間公司的命脈，黃巾股份有限公司的主打商品，恰好是當時東漢人民最需要的產品——救命符水。

東漢末年是一個相當特殊的時期，原本東漢開國時還有近六千萬人口，到了三國時代僅剩不到八百萬人，除了天災及戰亂不斷，人口銳減還有個最主要原因——瘟疫。翻開史書，從東漢末到魏初，動不動就「疫大作」、「疫四起」，連赤壁之戰，曹操都推說不是輸給孫、劉聯軍，而是敗給瘟疫；著名的建安七子竟有四個人死於瘟疫，可見瘟疫影響東漢之巨。據史書統計，漢桓帝時發生過三次大瘟疫，漢靈帝時五次，漢獻帝時更形嚴重。天災、戰亂、瘟疫，三者的綜合因素下，東漢末年才有所謂的「十室九空」一說。

《漢書》：「獻帝建安二十二年，大疫。」

當時的醫聖張仲景曾經感嘆自己的家族在十年期間，接連死了一百多人。

《傷寒雜（卒）病論》序：「余宗族素多，向餘二百。建安紀年以來，猶未十稔，其死亡者，三分有二，傷寒十居其七。」

這樣的時代背景下，張角、張寶、張梁將草藥混入符水中，讓患病的民眾服下，並對外宣稱，若能誠心懺悔，符水便能治好身上的疾病，這下民意都沸騰了！這麼好的東西不但不要錢，還能治一家老小的傷寒疫病?!簡直比健保還划算！於是成群結隊的底層農民紛紛入教，一傳十、十傳百，短短十幾年間信眾遍布全國，上看數十萬人！當時民眾瘋張角到什麼程度呢？光是前去尋找張角所在處的患病之人，在路上病死的竟超過萬人之多。

醫療業和健康產業為什麼永遠不會衰退，因為人是由身心組成的結構，身體病了，可以用藥醫；心裡病了，張角剛好也能提供宗教慰藉，「對對對，我知道你很難過，我懂你，這不是你的錯，都是官員和那些該死的地方豪強，你放心，黃巾軍會永遠陪著你。」

稍微了解一下產品開發，一間公司的產品要暢銷好賣，目的是要解決顧客生活的痛點，同時還要照顧顧客的情感需求；張角為何選擇將草藥混入符水，而不是直接用藥來醫治，其實是為了顧到信眾的心理層面，畢竟如果真用草藥，萬一醫死人，不就擺明了自己做為醫生卻醫術不精嗎？這樣要怎麼讓信眾心服呢？

《三國志．張魯傳》：「東方有張角，漢中有張脩。駱曜教民緬匿法，角為太平道，脩為五斗米道。太平道者，師持九節杖為符祝，教病人叩頭思過，因以符水飲之，得病或日淺而愈者，則云此人信道，其或不愈，則云不信道。」

張角選擇用符水，萬一失敗，可以推說是這個人沒有誠心懺悔，老天爺才不眷顧；成功了，就說老天爺救了你，請你一輩子都效忠老天爺，那麼誰能代表天呢？當然就是自稱「大賢良師」的張角啊！符水厲害之處不單只有表面功效，還有心理治療的因素，而現代醫學也證實了，心理可以影響生理，只要求生欲望還在，哪怕吃安慰劑都可能有效！

不要說張角了，現在也有許多宗教必須和醫療結合，你常會看到網路上流傳說哪個師父很靈，每次給師父潛能開發一下，腿不痛了，眼睛能看清楚了，誰家癱瘓的老人也爬起來了，大體上就是這個道理。

二、制度面：制服統一、口號出眾

之所以被稱作黃巾之亂，是因為起義軍每人頭上都綁著黃色頭巾，不知道大家有沒有想過，為什麼張角選的是黃巾而不是綠帽呢？這就要聊到當時的「五德相生說」了。

從左圖可以知道，東漢王朝代表的是火德，而火生土，土德代表色是黃色，張角為了合理化自己是上天的正統，因此採用黃巾做為起義軍的顏色，從這點就能知道，他絕對不是只會耕田的農民，而是徹徹底底的讀書人！

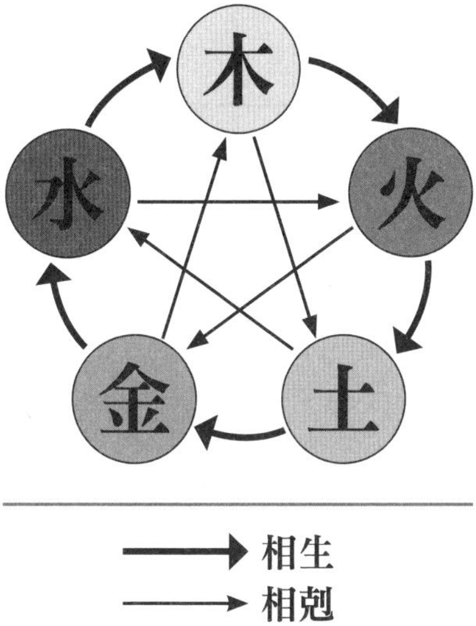

既然張角選用黃色，黃巾公司的制服當然也要以黃色為主，但當時農民吃不飽、穿不暖已是常態，誰能保證每家每戶都有黃色衣服呢？沒有黃色衣服，又如何代表黃巾股份有限公司的企業文化及品牌精神呢？天才ＣＥＯ張角想出一個方式——頭巾，黃色在戰場上可以清楚分辨出敵我，頭上綁著黃巾的就是隊友，絕對不會認錯；另一方面，黃色在心理學又有正向積極的作用，還能抗焦慮，讓黃巾軍的心理素質高人一等。

在臺灣，七年級生大多經歷過髮禁的年代，男生剃平頭，女生則是剪西瓜皮，有研究指出，髮禁也算是一種變相的制服，透過統一的髮型和制服，青春期活蹦亂跳的小男女，更能夠壓低情欲，迫使自己融入團體之中。張角選用黃巾的厲害之處，就是用最小的成本、最少的布料，達到最大的效果，以至在他死後，各地只要有反政府的起義軍，不少人都會在頭上綁著黃巾，象徵反政府的理念，可見黃巾之亂的巨大影響力，已經成為當時的時代標籤。

張角帶領黃巾軍時，打出的口號相當響亮：「蒼天已死，黃天當立，歲在甲子，天下大吉。」這段話精妙的地方在於，蒼天代表漢王朝，當時東漢官員的官服都以蒼青色為主；黃天代表黃巾股份有限公司，也暗示信眾要做好自立的準備；歲在甲子是指光和七年（一八四年），三十六方信徒要同時起事，讓昏庸無能的漢王朝退出時代洪流。

品牌口號（Brand Slogan）是傳達品牌精神的說服性標語，可以讓顧客快速留下對品牌的初步印象。好的企業必然離不開好的標語，例如蘋果公司的口號是「Think Big」，統一超商的口號是「有7-11真好」，運動品牌Nike是「Just Do It」；而一個政治運動，更離不開琅琅上口的標語，因為口號直接影響的就是動員力。臺灣近年來的政治街頭運動，口號都是「×政府貪汙」、「××無能」、「×××下臺」，直白是直白，但久了真覺得有點乏味；而張角的旗幟一舉起來就是「蒼天已死」，是不是瞬間就把群眾的情緒帶到一個高峰？

秦朝末年也出現許多農民起義，像是陳勝、吳廣的大澤鄉起義，就是中華史上第一個大規模農民起義的政權，但兩人受限於自身學識，打的口號僅是「伐無道，誅暴秦」這類冰冷的標語，遠不及「蒼天已死」來得有渲染力；再看看張角不但自稱大賢良師，還自封天公將軍，兩個弟弟也各封為地公將軍和人公將軍，天、地、人三才都具備了，道家講求三生萬物，加上前面說的救命符水，信眾還不死心踏地地為教主賣命嗎？

三、公司：深耕在地、超前部署

黃巾軍正式起義之前，張角就已經開始超前部署了。

《三國志‧孫堅傳》：「中平元年，黃巾賊帥張角起於魏郡，託有神靈，遣八使以善道教化天下，而潛相連結，自稱黃天泰平。三月甲子，三十六萬一旦俱發，天下響應，燔燒郡縣，殺害長吏。」

張角以道家名號畜養弟子、治病救人，再派其中最出色的八名弟子至各方傳道，十幾年後，信眾高達幾十萬人，在青州、徐州、幽州、冀州、荊州、揚州、兗州、豫州都有為數不少的信眾，以致黃巾起義時，各地官府瞬間全都傻眼，怎麼突然蹦出這麼多叛亂分子？

想超前部署沒有那麼簡單，首先要對時局有獨到見解。東漢末年是朝廷中央外戚、宦官、士大夫三方相互鬥爭最激烈的時候；而在地方上，則是豪強大姓兼併土地、隱匿人口，造成流民四起的階段，張角就是看到這種特殊時局，加上超乎常人的敏銳觀察力，既然民心似水，就利用符水來達成目的吧！

張角利用宗教的外衣包裝自己，當時朝廷一聽心想：「喲，黃老學說，那不是我們漢高祖劉邦推行的理想嗎？還能免費幫官府行醫治病，很好很好，你們繼續吧！」於是在官府的縱容下，張角的太平道不但深入民間，也開始和地方官員、朝中人士勾搭搭。史實曾記載，一八三年，張角令馬元義開始籌劃起事相關事宜，當時馬元義聚集了荊州、揚州幾萬名信徒在鄴城；除了聚眾以外，他還有一項任務——收買中常侍封諝、徐奉等人，準備在一八四年三月七日（甲子日）起事。

封諝是大宦官，當時東漢靈帝年間有十常侍之亂，就是十個最受寵的中常侍（實際上是十二個），而封諝又擔任中常侍，意味著受到皇帝寵愛，可以隨時出入禁中，張角居然可以和這樣的官員聯絡，一起議定大事，代表他在朝中早就布好眼線和內應，而且都是關鍵人物，但馬元義最後因同伴告密而被抓捕，車裂至死。封諝和徐奉也被斬，張角只能被迫提早發動黃巾之亂；又因起事僅一年，張角居然意外病死，才讓黃巾軍迅速潰散。

即使張角已死，黃巾之亂的餘黨還是持續了好幾年，各地仍然有打著黃巾軍名義的小規模暴動，其中以張燕率領的黑山軍規模最為龐大，在全盛時期據說從者高達百萬人，最後黑山軍被曹操吸納，汰弱留強，成為曹操的精銳部隊——青州兵。

如果張角沒這麼快病死，這場黃巾之亂可有得打了，中央有人策應、地方有百萬信眾，一場政變規劃得如此縝密，想想都覺得毛骨悚然。但這也告訴我們愛惜身體的重要性，不管今天的計畫多麼詳細，聲勢多浩大，在缺乏經營管理學的古代，主心骨沒了就沒了，剩下的部眾就是一盤散沙，只會被各個擊破；以擅長中藥符水治病的張角，最後死於疾病之手，只能說造化弄人，命運更是不可預測。

從上述三點可以知道，黃巾軍才是東漢王朝毀滅的起因，黃巾之亂體現的不只官僚腐敗、階級矛盾、土地兼併、流民四起，最重要的是，在超強CEO張角的用心經營下，三國時代一干重要軍閥或將領，居然都參與了黃巾之亂，孫堅、曹操，以及劉備、關羽、張飛三人，都在此役中初試啼聲，最後天下三分於魏、蜀、吳，卻三家歸晉，是非成敗終究轉成空。

第二章

呂布不只是戰神，還是個懂會計的音樂才子

呂布在《三國演義》算是被標籤化最嚴重的人物，真實的呂布和絕大部分人想像的差很多。《三國演義》中，呂布被描繪成有勇無謀的人，總是不斷背叛曾經投靠的人，認賊作父卻又屢次弒父，才被張飛大罵是「三姓家奴」；實際上在東漢末年，武人集團到處依附各地軍閥的情況非常常見，劉備集團就曾依附過公孫瓚、袁紹、陶謙、曹操、劉表、劉璋，直到赤壁之戰後，才算真正有了自己的根據地。

至於背叛的部分，別忘了劉備也曾背叛曹操、背刺劉璋、占著荊州不還東吳，在政治利益面前，什麼禮義廉恥都可以先放一旁。亂世之中，忠誠是最不可靠的意識型態，呂布在東漢末年這樣的亂世，雖說跳槽和背叛的頻率高了點，畢竟這在當時是常態，沒有才奇怪。呂布真正被詬病的是背叛後都會殺掉長官，好的時候可以和你兄弟來、兄弟去，一有更高、更誘人的條件，呂布就會毫不猶豫地殺掉先前栽培他的長官。

呂布的名字和錢有關？

呂布的名字很有意思，「布」這個字在古代是一種鏟型的錢幣，又稱「布幣」，從春秋戰國時代開始，大約流行於周王畿和三晉（韓、趙、魏）一帶。上古的中原地帶，鏟子做為農具，經常成為以物易物的「貨幣」；到了西周晚期，出現由鏟子演化而來的原始布幣，因此，布幣算得上是中華文化最早的一種錢幣。由於文化歷史悠久，紀念意義重大，直到現在都看得到布幣的影子，像是臺灣中央銀行、財政部、臺灣銀行，到中國的中國人民銀行、恆生銀行，均是使用布幣做為標誌。

呂布的名字很可能就是阿財、旺財的意思，他的字叫奉先，布和奉在古代是通義，都有向先祖布施錢財的意涵（一說奉也有俸祿之意），所以可以判定呂布的出身

臺灣銀行標誌
（© Wikimedia Commons）

周王朝布幣
（© Wikimedia Commons, Davidhartill）

可能不太好，家裡希望這個孩子長大後可以光宗耀祖，最好賺得盆滿缽滿，還能回饋家族和祖上。

呂布是并州五原人，在東漢末年來說，并州算是邊陲地帶，經濟、文化都不太好，因此民風較為粗獷剽悍，從根本上來說，呂布就是并州武人集團的代表，這個代表還有一個大名鼎鼎的人物，就是日後威震逍遙津的張遼。

發跡：那些呂布的爸爸們

談呂布之前，必須先談到兩個男人——董卓和丁原，就是《三國演義》中，三姓家奴的兩位爸爸。

丁原在歷史上的存在感比較低，一般人可能覺得就是被呂布殺掉的NPC而已，不過正史上的丁原是個猛人，完全是白手起家的寫照。

丁原出身非常微寒，但讀過書也有文采，才被漢朝任用為官吏。丁原的特點是文武雙全，每次并州有賊來犯時，他總是身先士卒，率領官兵擊退來犯的敵寇；除了自己能打，他還有另外一項過人的技能——看人的眼光。任職騎都尉的期間，除了呂布以外，丁原還錄用了張揚，以及日後大名鼎鼎的張遼。

丁原任命呂布為其主簿，從這個官位可以得到不少資訊。首先，主簿是主管一個領地的米麵物資糧倉，算是古代財務、會計、倉儲一類的職位，也有總裁祕書長的意味，表示呂布不但武力過人，還是讀過書、能做管理工作的人，算是通才。并州這個民風剽悍的地方，居然有一位能文能武、能打仗還能管內勤的人才出現，所以丁原十分賞識他，把呂布當作重點核心來培養。

《後漢書》寫丁原對呂布多好呢？「甚見親侍」，好到像家人一樣，羅貫中才會在《三國演義》中把丁原寫作呂布的義父，就像史書上寫劉、關、張三人「恩若兄弟」，演義裡就直接來個桃園三結義。

由此可見，呂布這人好的時候是真的和你很好，而且作戲絕對作全套。

然而董卓這人也不簡單，雖然《三國演義》和後來的電玩把他描繪成貪財、好色、愛貂蟬的大胖子，但正史上的董卓是涼州出身、智勇雙全、魅力值滿點的猛人。《三國志・魏志・董卓傳》：「卓少豪俠，嘗游羌中，盡與豪帥相結。」歷史上的董卓在少年時期頗具俠氣，廣結各地遊俠豪強，說明他不單單只是粗勇無謀的武人，不但花實兼備，在當地還有一定的知名度，也順利成為涼州武人集團的領袖。

當時大將軍何進為了誅殺宦官，用了日後被人詬病不斷的下策——「召涼州派的董卓和并州派的丁原」進京勤王，沒想到涼州派抵達洛陽前，意外的事情發生了。原本想要誅殺宦官的何進，反倒先被宦官殺了，沒過多久，宦官們又被何進的部曲袁紹殺害，而漢靈帝不久前也駕崩了，整個洛陽亂成一片，陷入群龍無首的局面，權謀家董卓看到這個局面，野心馬上膨脹起來。

「整個洛陽現在最能打的就是我和丁原，如果丁原沒了，洛陽不就是我的嗎？」董卓這樣想。

要如何除掉丁原呢？董卓馬上想到呂布，由於東漢有《三互法》，明令禁止本地人在本地擔任州郡級別的官職。雖然董卓是涼州出身，受《三互法》所限，轉而擔任過并州刺史，也在并州打過仗，極有可能在早些年就認識呂布，而董卓當時名義上是丁原的上司，身為投機分子的呂布怎麼可能不竭盡所能地對大老闆諂媚示好呢？人精董卓很快發現呂布這個人不但好用，而且有一個非常鮮明的個人特質——「功利主義」，按照董卓的思路來看，只要價碼好，隨時都能收買呂布。為了繼續把持朝政，董卓出了高價，成功讓呂布「背刺」丁原。

呂布第一次跳槽就用最極端的方式展現——殺了曾經賞識自己的上司，投靠上司的上司。而董卓則順利接收并州武人集團，包括張揚和張遼，畢竟這夥人以前都在并州作戰過，都是老相識了。

反骨疑雲

進入到董卓陣營的呂布，馬上和董卓迎來一陣蜜月期，兩人關係好到什麼程度呢？

《三國志．呂布傳》：「（董卓）以布為騎都尉，甚愛信之，誓為父子。」

這裡的父子關係比較不一樣，《三國志》其他的養父子關係，例如曹操的父親曹嵩是東漢宦官曹騰的養子、劉封是劉備的養子，都是因為上位者無嗣，多有傳宗接代、繼承之意，劉封改了寇姓轉劉姓，曹嵩也承襲曹騰爵位，這種關係除了不是親生的，其他權利、義務都與親生的無異；董卓和呂布之間則有結拜的感覺，呂布甚至連姓都不用改，這在三國時期非常少見，大概是因為董卓與呂布都出自邊陲地帶，長時間與羌胡混居，行事作風深受羌胡影響。在胡人、蒙古、匈奴文化中，「互為父子」

是很常見的效忠方式，雖說較為鬆散，但總比什麼都沒有來得強。

按常理而言，與董卓互為父子的呂布應該從此飛黃騰達，登上人生高峰才是，怎麼最後又選擇反骨，反倒接受王允的陰謀來背刺董卓呢？

事實上，呂布進入董卓集團後，馬上捲進政治鬥爭。董卓手下大概可以分成兩派：涼州武人集團和并州武人集團，涼州派以段煨、胡軫、李傕、郭汜為代表；并州則以呂布、張揚、張遼為代表。涼州派是血統純正的「董卓派」，董卓雖然因《三互法》而不能擔任涼州最高統領，但統領涼州兵卻是事實，他早年擔任軍司馬和晚年拜將軍都有屬於自己的軍隊，嫡系軍隊以李傕、郭汜、段煨這些涼州人為主。

并州武人集團可以說是被「兼併」到董卓麾下，講好聽是兼併，實際上就是敗戰之兵，因此涼州派打從心底看不起并州派，就算董卓和呂布在上面誓為父子、你儂我儂，下面的將領總會互看不順眼，并州派甚至常被涼州派加倍歧視，《後漢書》有段記載很精彩。

《後漢書．董卓傳》：「明年，孫堅收合散卒，進屯梁縣之陽人。卓遣將胡軫、呂布攻之。布與軫不相能，軍中自驚恐，士卒散亂。堅追擊之，軫、布敗走。」

這段歷史在《九州春秋》也有記載：「卓以東郡太守胡軫為大督，呂布為騎督。軫性急，豫宣言：『今此行也，要當斬一青綬，乃整齊耳。』布等惡之，宣言相警云『賊至』，軍眾大亂奔走。」

董卓軍出征，用的是涼州派威望極高的胡軫，就算是勇冠三軍的呂布，也只能落得副將一職。而胡軫提到「當斬一青綬」，就有點指桑罵槐之意，因為呂布當時的官職是中郎將，根據漢代制度，中郎將等二千石以上的官待遇如何？《漢書・百官公卿表》：「凡吏秩比二千石以上，皆銀印青綬。」

呂布剛好有青綬，上頭長官公開侮辱自己，難怪他和一眾下屬都非常生氣，此戰就在兩派人馬的矛盾下打輸了。董卓如果可以適時化解兩派矛盾，或是眼明手快滅掉并州派，其實都不算難題，弔詭的是董卓可能很享受看底下人鬥來鬥去的感覺，對其紛爭總有種「任隨它去」的態度。

董卓還有另一個特色──「急躁殘暴」，常因小事對呂布發脾氣，有次氣到拿起身旁的手戟朝呂布扔去，幸虧呂布身手矯健，閃過飛戟，求生意志堅強的呂布馬上擺出笑臉賠不是，董卓也很快消氣。但這次事件讓呂布留下不小陰影，深怕哪天董卓又因一些小事動手動腳，畢竟呂布沒把握每次都能躲過。

過了不久，董卓命呂布守衛在宮中的小門，由於地利之便，加上呂布容貌也帥氣，開始和董卓的侍婢私通（《三國演義》藉此寫了貂蟬），但一面私通的同時，呂布又擔心萬一被董爸爸知道，下次可能丟的不是手戟，而是自己的首級了。前有涼州軍矛盾、後有董卓翻臉不認人，加上呂布在「小頭」上犯的錯，對呂布和并州武人集團來說，洛陽愈發是個充滿危險的荊棘之地。這時一名并州老鄉站了出來，對呂布說：「將軍何不殺掉董卓，一來為國除賊，二來可以解心頭大患呢？」這位老鄉即是《三國演義》中大名鼎鼎、利用貂蟬使出美色連環計的司徒——王允。

大部分人不知道，王允也是并州出身，自幼出身官宦，除了讀書、寫文章外，還能上馬拉弓作戰。早年因告發十常侍之一的張讓和黃巾賊勾結，王允遭到張讓報復，多虧大將軍何進等人營救才活了下來；董卓掌權之後，採用一部分懷柔政策，王允才改任太僕、守尚書令，並在不久後升至司徒，位列三公。當董卓抵擋不住關東反董卓聯盟軍，決定火燒洛陽時，王允還先收拾起蘭臺和石室的藏書祕籍，並在長安落腳後，重新保存這些珍貴的經典。

王允這人挺能演的，他在董卓面前總擺出言聽計從的樣貌，加上辦事能力卓越，董卓很快將長安交由他打理；而在亂世中，王允能夠輔佐漢室，還能保留大部分經典，讓一眾漢臣對他敬佩有加。

然而，王允暗地裡卻謀劃不少刺殺董卓的計畫，奈何董卓是老江湖，沒有任何空隙能讓王允下手。直到那一天，王允走進宮中，看到董卓朝呂布丟手戟的那一幕，雖然呂布立刻賠了笑臉，但王允在那一瞬間，看到呂布眼神閃過些許的惶恐與反意。

王允很快找到呂布，並亮出底牌：「我也是并州人。」此時的呂布如同在汪洋中找到一根浮木，王允不但位列三公，還對董卓有反意，更重要的，王允是自己人啊！能上馬又會讀書，并州就是專出這種人才，於是兩人一拍即合，趁著漢獻帝某次生病康復後，董卓來朝拜道賀之際，呂布成功刺殺了董卓，並夷其三族，長安百姓知道後都爭相慶祝，守屍官見到董卓因為太胖而流出不少屍油，還在肚臍中插入一根蠟燭，沒想到這根蠟燭居然一連燒了好幾天，均被記載到《三國志》。

從上述一脈事件可以知道，呂布會背叛董卓，很大一部分原因來自并州派和涼州派的紛爭，甚至最後并州派到了必須保命、不得不反的程度；王允能夠說服呂布，不是派出貂蟬之類的美人計，而是他本身就是位列三公的并州人，董卓集團的覆滅，從頭到尾都是內部分裂鬥爭。

短暫的巔峰時刻

誅殺董卓是大功，王允上表朝廷，漢獻帝因此令呂布任奮威將軍、儀同三司、假節、晉封溫侯，與王允共同執掌長安。

沒想到這次蜜月期更短，王允除掉董卓一黨後，開始露出本性，愈發驕矜自傲。對內，王允骨子裡根本瞧不起武人出身的呂布；對外，對董卓殘黨的猶豫不決，讓涼州武人集團人心惶惶。呂布曾多次勸阻王允赦免董卓殘黨，但王允對李傕、郭汜等人的第一次乞和，卻以「一歲不可再赦」為由，拒絕了涼州集團的和解請求，但他卻採用詭異的做法——不赦免，亦不捕殺，極大化加劇涼州集團的心理壓力。

掌握不了軍隊的王允，在政治上又犯了大忌：殺蔡邕。

蔡邕是東漢大儒，博學多才，書法、繪畫、文采皆為當世之傑，著名的飛白體就是蔡邕所創，在士人間有極高評價。董卓相當欣賞蔡邕，逼迫他為其麾下任職，還曾在一個月將他連升三級，拜為侍中。史書上寫董卓對蔡邕「甚見親厚」，除了真的欣賞以外，另一方面也顯示了董卓的政治手段，透過一手棒子、一手胡蘿蔔的手法，讓百官們願意看在蔡邕的面子上維持朝政。

王允在董卓面前曾是個戲精，對其百般討好的樣子，蔡邕可能全數看在眼裡。王允掌權後，可能出於嫉妒，或是出於羞愧，竟指蔡邕是董卓一黨，蔡邕當時還在撰寫漢史，為能順利完成，不得不乞求「黥首刖足」（在臉上刺青或砍掉雙腳），只求活著完成著作。朝中重臣和百官紛紛上書求情，奈何王允根本不聽，仍讓高齡六十的蔡邕下獄，不久後，一代大儒便枉死獄中。

王允聽到蔡邕的死訊，感到相當後悔，但已經來不及了。當死訊傳到涼州武人集團時，所有涼州派都認定連朝中大儒蔡邕都死於王允之手，何況他們這些真正的董卓殘黨？因此鐵了心反王允，矛盾逐漸形成正式的決裂。當時牛輔（董卓的女婿）手下一位有名的謀士建議李傕和郭汜：「朝廷不肯赦免，我們只能以死反之，如果今天能打下長安，就能一改目前的困境；如果打不下長安，也能掠奪長安附近的物資和女人，然後回到涼州，這樣還能續命。」

這名謀士便是日後受到曹操重用、助其連戰連勝的著名腹黑軍師——賈詡。

李傕和郭汜聽到賈詡這番話，如同在亂世的汪洋當中找到一根浮木，立刻茅塞頓開，思緒有如撥雲見日，連忙對賈詡稱謝。兩人立刻聯合樊稠、李蒙、王芳等涼州諸將，合兵十多萬聯攻長安。王允掌權後用人唯親不唯才，派親信把守重要據點，涼州派很快攻破這些據點，呂布一人勢單力薄、孤掌難鳴，加上京中有人叛變，從內大開城門，涼州派遂攻破長安，並殺盡并州派，為此喪命的公卿百官吏民超過萬人，天下至此大亂。

長安城破之際，呂布還呼喚王允和他一起逃走。雖說王允政治無能，但到底是個有氣節的讀書人，大好局面被他搞成這樣，有何顏面而走。因此拒絕了呂布，最後命喪長安，東漢最後曙光就這樣被王允輸光。

當時人中呂布在做什麼呢？

《英雄記》：「郭汜在城北。布開城門，將兵就汜，言『且却兵，但身決勝負』，汜、布乃獨共對戰，布以矛刺中汜，汜後騎遂前救汜，汜、布遂各兩罷。」

呂布在和郭汜單挑。

正確來說，這是三國正史上為數不多的單挑紀錄，別看《三國演義》和遊戲裡各個武將動不動就單挑，歷史上有明確記載大將間單挑紀錄的，大概就是孫策單挑太史慈，還有呂布單挑郭汜了，關羽斬顏良還不算，最多算是突擊加刺殺。

呂布打開城門，此時背景音樂響起他的出場主題曲，帶著為數不多的屬下對郭汜說：「有種叫你的人退下，我們一決勝負！」郭汜也不是好惹的人，這些遊戲裡連頭像都沒有的角色，在當時可都是王者級別的強將，加上涼州派與并州派積怨已久，所有過往的紛爭，就在今天一決勝負吧！於是并州派代表呂布，對上涼州派代表郭汜，雙方將士兵喝退，就武藝上一較高下。

呂布畢竟不辱「飛將」、「人中呂布」、「三國無雙」之美名，幾回合間就以手中之矛（歷史上並無方天畫戟）刺中郭汜，見老大出事，郭汜的近衛隊馬上前來搭救，這場單挑便以呂布勝利告終。

不過面對朝中野戰主力全滅、敵軍十萬圍城，加上豬隊友大開後門，呂布只能率領親信逃離長安。自呂布和王允於四月二十一日誅殺董卓始，到六月一日長安城破，呂布人生的光輝時刻只持續不到兩個月，期間呂布其實算有情有義，對王允提出不少有見地的懷柔之策，甚至到城破之時，還不忘呼喊王允一起走，無奈王允就像瘋了一樣，一手好牌打得稀巴爛，手上明明有鐵支，卻還一張一張打。從史實來看，呂布曾想做個好人，奈何王允不允，我相信這也是讓呂布日後徹底黑化，成為一名急功近利、貪財好色者的主要原因。

竟然通音律?!

逃出長安門的呂布，原本想投靠袁術，不料卻被拒絕；無奈之下轉投袁紹，袁紹天生性格比較詭異，猶豫不決又優柔寡斷，明明不想用呂布，卻不好意思拒絕，很大原因來自於呂布的爵位與殺董卓的功績，要是這樣優秀的履歷都不用，以後怎麼招買人心呢？於是袁紹打發呂布去剿滅黃巾殘黨，這個殘黨可不是老弱殘兵，而是連袁紹都頭痛的「黑山軍」張燕。

張燕原姓褚，黃巾起義時聚集了一幫強盜，人數達一萬多人。當時張角中箭快死時，命部下尊褚燕為頭領，於是他很有義氣地改姓張，才稱作張燕。張燕自幼武勇過人，且頭腦轉得快、身法也快，在軍中素有「飛燕」之稱，麾下有數萬精兵，光良馬就有幾千匹，面對這樣的敵勢，呂布領著親信便出征了。

《三國志・呂布傳》：「北詣袁紹，紹與布擊張燕於常山。燕精兵萬餘，騎數千。布有良馬曰赤兔。常與其親近成廉、魏越等陷鋒突陳，遂破燕軍。」

方天畫戟是假的，但赤兔馬是真的，呂布與一眾親信將領，用高超的武藝直接把張燕這塊硬骨頭啃下，每每衝鋒陷陣都能斬下張燕軍不少首級，雙方連戰十多天，張燕軍傷亡慘重，袁紹軍也氣力放盡而退兵，黑山軍從此開始衰落。呂布從這戰以後，便有了「人中呂布、馬中赤兔」的稱號。

打了勝仗的呂布，向袁紹要求增兵請賞，但袁紹不答應，呂布便懷怨在心，縱容（或指使）手下將士隨意搶劫掠奪百姓，然後自發性地向袁紹告辭。歷史上這一段敘述非常弔詭：「紹恐還為己害，遣壯士夜掩殺布，不獲。事露，布走河內。」

《英雄記》：「布自以有功於袁氏，輕傲紹下諸將，以為擅相署置，不足貴也。布求還洛，紹假布領司隸校尉。外言當遣，內欲殺布。明日當發，紹遣甲士三十人，辭以送布。布使止於帳側，偽使人於帳中鼓箏。紹兵臥，布無何出帳去，而兵不覺。

夜半兵起，亂斫布牀被，謂為已死。明日，紹訊問，知布尚在，乃閉城門。布遂引去。與張楊合。紹令眾追之，皆畏布，莫敢逼近者。」

簡單來說，袁紹因懼怕呂布再來禍害自己，派了三十名武功高強的刺客去殺他，沒想被識破。呂布派人在營帳內彈琴，自己躲在帳外。當刺客到達之際，聽到帳中琴聲揚起，每位刺客都屏息以待，殊不知呂布根本不在帳內。刺客等到帳中聲音退去，便悄悄走到床前，以亂刀砍床被，然後通報說呂布已死。結果隔天袁紹得知呂布仍活著，氣到再派出一批人去追殺，結果這群人都害怕呂布，沒有人願意上前。

如果就文字來看，會覺得這是什麼奇怪的描述，為什麼呂布差人在營帳內彈琴，可以迷惑住刺客？為什麼刺客上前亂砍床的世界，還能回去通報呂布已死？為什麼隔天袁紹還是知道呂布沒死？為什麼第二波刺客都害怕呂布，沒有一個敢上前？最後眼看呂布揚長而去，與張楊會合了？腦補一下，加上前面所述的呂布形象，真相很可能如下：

其實呂布是個音樂才子，而且琴藝還不錯，會打仗又會彈琴的名聲早就遠揚在外。當三十名刺客抵達營帳的搖滾A區時，呂布早就另派人喬裝成自己於帳中彈琴。眾人被琴藝吸引，天色昏暗中無法辨認是否為真的呂布，待到帳中之人演奏完畢後到床上睡下，三十名刺客才一湧而上，亂刀砍死床上之人。興奮的刺客頭子沒想到本次任務竟然如此簡單，一代飛將呂布竟被他們拿下，於是差了兩人回去通報袁紹，沒想到一掀開被子，才驚覺此人竟不是呂布！這時呂布從帳外持矛殺入，把剩下二十八名刺客盡數斬殺，再逃到城外。

袁紹看到第一波兩名使者回來通報呂布已死，原本還挺高興的，沒想到到了早上，剩下的刺客竟然還沒回來。袁紹只好再差人前往，得知呂布根本沒死，有鑑於呂布打黑山軍一役的表現（僅用幾十人就能衝得張燕軍大亂），袁紹嚇得關閉城門；看到城門緊閉的呂布只能離開，而看到呂布離去的袁紹，又急忙下令第二波刺客前去攔截，沒想到呂布早就在不遠處等候多時，看著這一波刺客笑著說：「昨天那二十八名刺客已被我全數斬殺，你們誰要不怕死的，上前與我單挑吧，圍毆也行！」

那二十八名刺客應該是武藝過人且在袁軍中小有名氣，當第二波刺客知道前面幾乎全軍覆沒時，嚇得完全不敢上前，眼前之人不但是誅殺丁原、董卓的高手，還能和涼州軍猛將郭汜單挑取勝，和黑山軍作戰時又能腳踏赤兔，突擊飛燕無數次，每次還能斬落敵將的首級歸來。想到這裡，眾人就不敢上前，畢竟回去覆命不一定會死，但真要和眼前的呂布對打，再多頭也不夠送。於是眾人只能和呂布玩起互看遊戲，呂布覺得沒意思，當即調馬而去。

以上雖是幻想出來的史觀，缺乏史實佐證，不過只有這樣，才能解釋這一段史料為何如此弔詭，呂布迷人之處在於活生生活出了自己的樣子，貪財好色、急功近利，有小聰明但缺乏遠謀，背信忘義的程度令人髮指；但他確實靠一己之力翻轉階層，以個人之力誅殺國賊董卓，是漢獻帝親封的溫侯；博學四方，從軍以後擔任會計和後勤管理，還擁有一手好琴藝；天生散發領袖魅力，讓高順、陳宮、張遼等一眾強將心甘情願跟隨他。但他在下邳城的艱困與人生最後的時刻，竟還死性不改，多次染指下屬之妻，讓眾將心寒。

呂布一輩子可以稱得上是三國無雙，袁紹、袁術、劉備、曹操等一眾傑出軍閥都曾吃過他的悶虧，張飛被呂布打到丟了徐州，曹操更是差點被他搞到翻船。呂布完全不辱其「飛將」的名號，轅門射戟更是翻開中華歷史五千年都未見過之奇事，也難怪陳壽在《三國志》會這麼評價：

「呂布有虓虎之勇，而無英奇之略，輕狡反覆，唯利是視。自古及今，未有若此不夷滅也。」

第三章

有一種愛情，叫做漢獻帝與曹節

時間回到董卓進到洛陽之時，大將軍何進召涼州派董卓前來剿滅宦官，沒想到何進卻先被宦官給殺了，手下袁紹、袁術、曹操見到他被殺，當即率軍攻打皇宮，宦官們哪裡能抵擋正規軍隊的攻擊，便帶著少帝、陳留王一同逃跑，結果在洛陽城北的北芒阪，撞見正率軍前來的董卓。

那個凶過董卓的劉協

十四歲的少帝劉辯看到殺氣騰騰的董卓前來，見了自己不但不行禮，甚至還持刀向前，頓時嚇得淚流滿面。就在此時，同父異母的弟弟、九歲的陳留王劉協挺身而出，擋在哥哥前面，大聲訓斥董卓做為臣下的無禮之舉，嚇得董卓連忙跪下，俯首稱臣，這就是歷史上漢獻帝劉協的初登場——壓制董卓。董卓想問清楚事件始末，但少帝總是語無倫次，講不到重點，董卓聽了就煩，這時劉協用最短的字數講完動亂始末，董卓立刻對他留下深刻印象。

其實劉協的爸爸漢靈帝很喜歡他，因為劉協打小就聰明，什麼事情都能分析得有條有理，且膽大心細、耐心十足；反觀劉辯這人自小舉止輕佻，說話常常語無倫次，做起來事沒有皇帝樣，很長一段時間，靈帝都沒有立太子，少帝之所以即位，完全是憑著運氣，以及他的媽媽何太后是何進的妹妹。漢靈帝彌留之際，將心中想傳位於劉協的意思告訴大臣蹇碩，蹇碩原本想召何進入宮並殺之，不過何進入宮前，看到迎面而來的友人使了眼色，立即心領神會，退出皇宮回到軍營，謊稱因病不能入宮，蹇碩的計謀因此失敗，而少帝劉辯得以順利即位。

董卓對聰明的劉協印象很好，再加上撫養劉協長大的皇后也姓董，他覺得董皇后和自己也算同族，便動了廢帝另立的念頭。董卓之所以廢帝，是為了樹立權威，畢竟一個涼州邊疆人士來到朝中，最缺的就是權威。朝中的世家大族們看不起董卓，他才決議要廢帝，趁這個事件來瞧瞧，朝中有誰贊成他、有誰反對他。當時全洛陽上下都知道劉協聰明、劉辯懦弱，連靈帝都曾以這般話公開批評劉辯：「辯輕佻無威儀，不可為人主。」加上董卓認為當時九歲的劉協更年幼，更好控制。

傀儡皇帝誕生

一八九年，董卓廢少帝改立劉協，史稱漢獻帝。《三國志・武帝紀》：「卓到，廢帝為弘農王而立獻帝，京都大亂。」

漢獻帝是最不像亡國之君的皇帝，一般人認為「獻」這個字，感覺是劉協獻出皇位的意思，其實誤會大了。按照諡號規則「聰明睿知曰獻」，是指這個皇帝很聰明、很賢德。漢獻帝是劉協死後，曹魏給他加的諡號，全名是「孝獻皇帝」，從這裡可以看出，曹魏政權其實十分認可漢獻帝劉協。劉協不但聰明，還非常愛民，那一段被涼州集團挾持的日子裡，他盡可能做到好皇帝的本分。

初平二年（一九一年）六月，三輔（京兆尹、左馮翊、右扶風轄下地區）發生大旱，導致糧食價格高漲，穀一斛來到五十萬錢，豆麥一斛來到驚人的二十萬錢。饑民充斥整個長安城，甚至發生人吃人事件。劉協下詔賣掉朝中廄馬一百多匹，再讓大司農出二萬匹絲織品，將絲織品與賣馬的收益，一同賜給朝中公卿和饑寒交迫的災民，只可惜涼州軍的李傕跳出來說：「我家的物資也很少，需要救濟。」說完，便強行把這些物資錢糧帶回自家營中。

物資沒了，劉協又命令侍御出太倉的米和豆煮粥，用以救濟百姓，但仍然有很多人餓死。劉協懷疑執行官沒有老實賑災，趁機侵占公糧，於是派侍中取米、豆各五升在自己面前現場熬粥，最後得知可以煮出兩大盆粥，證實是執行官貪汙，於是命人責打五十棍。有了此次教訓，後續的執行官就乖多了，長安城中饑民因此得到救濟。可見漢獻帝雖然勢單力薄，但還是能透過才智，盡可能地挽救百姓。

李傕在和郭汜的鬥爭期間，完全沒把獻帝當人看，不但把獻帝挾持到自己營中，還搶奪獻帝的衣服、車馬，甚至在群臣饑渴交加，獻帝求李傕五斛米、牛骨五具以熬粥時，李傕提供給獻帝的都是腐爛的牛骨頭。

《獻帝起居注》：「是日，傕復移乘輿幸北塢，使校尉監塢門，內外隔絕。諸侍臣皆有饑色，時盛暑熱，人盡寒心。帝求米五斛、牛骨五具以賜左右，傕曰：『朝餔上飯，何用米為？』乃與腐牛骨，皆臭不可食。」

若說漢獻帝人生最慘的時期，便是涼州軍入主的三年，這段期間，皇帝的威嚴蕩然無存，宮女任由李傕搶奪和殺害，皇宮物資也被他任意奪取，百官都得和獻帝一起挨餓受凍，沒有自由、沒有任何尊嚴可言。

後來劉協終於逃出長安，被曹操營救，看到殘破的洛陽，獻帝答應曹操遷都許昌的請求。這一年，漢獻帝劉協剛滿十五歲，而曹操的女兒曹節出生了。獻帝是四月二日出生，牡羊座；曹節生日不詳，但從日後行跡來看，應該也是火象星座，有可能是獅子座。

進入許昌的獻帝，發現曹操只想利用自己做為傀儡，他怎麼會甘心呢？因此，獻帝和曹操展開一場長達數十年的心理戰。不得不說，獻帝還是相當聰明，大名鼎鼎的「衣帶詔事件」，甚至大小不斷的叛亂，有許多證據都顯示曹魏集團諸多內部動亂，都與獻帝脫不了關係，甚至可以說，獻帝就是主謀。

曹操晚年都不敢在外征戰太久，每過一段時間，就必須回到許都「主持大局」，其中也有獻帝在後方擾亂的因素，甚至日後關羽發動樊城之戰，原因之一就是揮軍北上、迎接獻帝。

意想不到的愛情故事

曹操終其一輩子都沒動獻帝，但除了獻帝以外，其他人就沒這麼好下場了。

獻帝兩任妻子董貴人、伏皇后都相繼因謀反而死，而曹操在前一年還幹了件讓獻帝極其噁心的事情——將三個女兒曹憲、曹節、曹華嫁給劉協。

但不知為何，三人入宮之後，史料只剩下曹節的紀錄，由此研判，曹憲和曹華可能相繼因病過世，只留下曹節陪在獻帝身旁。

《後漢書・皇后紀》：「建安十八年，操進三女憲、節、華為夫人，聘以束帛玄纁五萬匹，小者待年於國。十九年，並拜為貴人。及伏皇后被弒，明年，立節為皇后。」

曹操殺了伏皇后以後，強迫獻帝冊封曹節為后，原想留一眼線以便監視獻帝，要是真能生出皇子，曹魏就成為皇親國戚，等於變相得到繼承漢室的資格，不得不說曹操的手段還真毒辣，但也非常合理、實在。

然而，原本只是一樁普通的政治聯姻，沒想到卻因為一個意外，讓這段婚姻變了曲風。

曹節愛上了劉協。

劉協一生充滿悲劇色彩，出生後不久母親被害死，八歲那年父親也去世，九歲糊里糊塗即位，捲進涼州派和并州派的鬥爭。董卓對獻帝還算客氣，畢竟是自己立的皇帝，但郭、李二人就讓獻帝皇家顏面蕩然無存，堂堂大漢皇帝竟淪落到吃臭牛骨的地步。遇見曹操後的獻帝，雖說衣食無虞，但大漢的國祚總是要靠自己延續，縱觀獻帝一生，對曹操至少發動過三次政變，卻都被阻止，老婆也因此死了，現在敵方還要把女兒嫁過來當眼線，可說是情何以堪。

想像一下，劉協和曹節的新婚之夜會是何等荒謬不堪。

劉協給曹節的臉色大概比冷淡還要冷淡，比難看還要難看，但曹節看著自己的夫君，知道父親做過的一切，那天晚上，她可能第一次敞開心胸對劉協表白：

「我的父親對不起你，我知道你現在不喜歡我，甚至看到我就生厭，但別擔心，我願用餘生來陪伴你，從今爾後，無論你是皇帝，是公、是王還是民，我會用盡全力來守護你，日月為誓，山河為證，蒼天可鑑。」

「我怎麼知道妳不是說謊呢？」

「答案很長，我只能用一生來回答，你準備好了嗎？」

曹節前後在位七年，雖說某種程度上來說控制了獻帝，但也正因為曹節，保住了獻帝和東漢王朝最後的一絲尊嚴。

退位後的兩人世界

時間來到建安二十五年（二二〇年），或說延康元年，或說黃初元年。

獻帝終於卸下重擔，因為曹丕篡位了。篡位以前，曹丕曾派人向獻帝索要傳國玉璽，這時獻帝身邊那些曾效忠於大漢的重臣，早就被曹魏翦除乾淨，沒有人能幫獻帝拒絕，只有曹節站出來，大聲喝斥曹丕的人。曹丕一連派來的幾位使者都被曹節罵了回去，她名義上還是曹丕的姊姊，從小和曹丕玩著長大的，連曹丕都敢罵。只是這種努力徒勞無功，據史料記載，曹節最後將傳國玉璽扔在地上，一邊對使者罵罵咧咧，一邊對獻帝哭著說：「天不祚爾！」意思是老天不會保佑你們這些逆臣的。

《後漢書．皇后紀》：「魏受禪，遣使求璽綬，后怒不與。如此數輩，後乃呼使者入，親數讓之，以璽抵軒下，因涕泣橫流曰：『天不祚爾！』左右皆莫能仰視。」

說也奇怪，魏文帝曹丕即位後不到七年便病死了，享年四十歲。之後即位的魏明帝曹叡死時也只有三十五歲，曹魏集團從此大權旁落至司馬家，可見來自血脈的詛咒，尤其是親姊姊的壓制，還是挺有用的，老天真的沒有保佑魏國。最後一任手握實權的皇帝曹髦，甚至被人當街戳死。

獻帝退位以後被封為山陽公，曹節自然成為山陽夫人，曹丕特許山陽國可從漢制。據說獻帝消沉好一陣子，畢竟當了三十二年皇帝，一時間還無法接受現實。曹節經常鼓勵劉協，換掉王公貴服，穿上布衣，反正在山陽國內，我們想做什麼就做什麼，不如放下仇恨，放下獻帝的重擔，好好地當一回劉協吧！

黃初五年（二二四年），曹節見到孫子劉康上學的校舍破舊不堪，便與劉協出資修繕，還增建不少設施，並鼓勵當地二十歲以內的學子，不論家境貧富，都來求學識字。不只擴建校舍，曹節還與劉協一同拜訪山陽國當地名師，自掏腰包聘請他們當學子們的老師。據民間相傳，劉協早年在位期間，曾向太醫和華佗學過醫術。劉協與曹節兩人開始外出義診，還會上雲臺山採藥，憑藉醫術救民於貧病之中，而且針灸和拔罐都不收錢，久而久之，被山陽百姓們傳為「龍鳳醫家」。山陽國從原本破敗的小地方，變成安居樂業之處，每當有災情發生時，劉協和曹節還會減免稅賦，助百姓度過難關。

二三四年，東漢最後一任皇帝、山陽公劉協崩逝，以漢天子禮儀，安息禪陵。劉協一生活了五十四歲，離世後，曹節平靜地度過二十六年餘生，才追其遠去。

《後漢書》：「自後四十一年，魏景元元年薨，合葬禪陵，車服禮儀皆依漢制。」《三國志》：「景元元年夏六月己未，故漢獻帝夫人節薨，帝臨於華林園，使使持節追謚夫人為獻穆皇后。及葬，車服制度皆如漢氏故事。」

山陽夫人曹節享年六十五歲，魏元帝曹奐親自帶著百官到華林園參加葬禮，全程按漢代皇后禮儀，與漢獻帝合葬於禪陵。曹節的謚號是「漢獻穆皇后」，他們的愛情故事讓人好生羨慕。

「答案很長，我只能用一生來回答，你準備好了嗎？」

第四章

貫徹《孫子兵法》的那個男人，蜀漢最被低估的一位猛將——劉備

《三國演義》的劉備，有時窩囊得令人不可置信，一天到晚都在哭，青梅煮酒時被打雷聲嚇到躲在桌下；一天到晚都在打敗仗，老是搞丟老婆、小孩。這樣的人最後能開國，說起來誰都不信。但歷史上的劉備，哭的次數極少，喜怒不形於色，一天到晚哭的其實是曹操，劉備就算聽到張飛被刺的消息傳來，也只是用哀莫大於心死的聲音說：「噫！飛死矣。」

被誤解的博望坡之戰

《三國演義》寫到諸葛亮出山時，為了彰顯諸葛孔明的用兵技能，安排了博望坡之戰，夏侯惇掉進諸葛亮設計的陷阱，十萬大軍被火攻得不要不要的，搞得夏侯惇回去把自己綁起來，請求曹操斬了他。

歷史上的博望坡之戰，非但不是夏侯惇來犯，相反的，劉備是劉表派出的攻方，在博望坡與夏侯惇遭遇，親手設局並戰勝。劉備用的也不是火攻，而是詐降之計，先派出少量部隊與夏侯惇交戰，並故意敗退，接著燒毀自家營寨，讓夏侯惇誤以為劉備無力再戰，便進行追擊；不料行至狹窄的山林小道時，劉備安排的伏兵從四面殺出，夏侯惇大敗，幸虧李典預判到劉備會有伏兵，夏侯惇才能及時撤退。

《三國志．魏志．李典傳》：「太祖遣典從夏侯惇拒之。備一旦燒屯去，惇率諸軍追擊之，典曰：『賊無故退，疑必有伏。南道狹窄，草木深，不可追也。』惇不聽，與于禁追之，典留守。惇等果入賊伏裏，戰不利，典往救，備望見救至，乃散退。」

博望坡之戰發生在建安七年（二〇二年），諸葛亮在建安十二年（二〇七年）出山，完完全全和博望坡沾不上邊；此戰也體現劉備用兵的過人之處，和他交手過的人，每個都對他的用兵之道給予高度評價。曹操認為劉備是一輩子的好對手，只是在做決斷上，比自己稍微慢了一點；張松認為劉備「善用兵」；劉巴認為劉備是「雄人」；孫權認為除了劉備，「沒人可抵擋曹操」；陸遜認為劉備是「強大的對手」。陳壽評價劉備時，給出了「天下稱雄，一世所憚」的五星好評，只是講這段話時，後面還提了陸遜，有點先褒後貶的意味。

貫徹《孫子兵法》的軍事全才

後世比較少提到劉備的軍事才能，很可能是因為開國稱帝的關係。歷史上，我們通常關注皇帝的治理能力和用人之道，很少注意他們的軍事才能，就像劉邦在秦末亂世時，也是超能打的將帥，不巧碰到當世無雙的項羽，才讓人有劉邦打仗很弱的錯覺，事實上只要沒碰到項羽，他還是經常打勝仗。

還有一個因素，劉備打仗的風格和當時諸將很不一樣，打不過就跑，能跑絕不猶豫、能騙絕不硬剛、打蛇打七寸、擒賊先擒王，打法相當客家，在最大程度內節省資源。就像博望坡之戰，劉備一看李典來救夏侯惇，馬上不打了。大部分人對戰爭的理解是殺敵愈多愈好，但兩軍交戰往往是「殺敵一萬、自損八千」，殺敵愈多，通常代表己方的損失也愈大，所以《孫子兵法》中，孫武提出一個嶄新概念——「全」。

《孫子兵法．謀攻篇》：「凡用兵之法，全國為上，破國次之；全軍為上，破軍次之；全旅為上，破旅次之；全卒為上，破卒次之；全伍為上，破伍次之。是故百戰百勝，非善之善者也；不戰而屈人之兵，善之善者也。故上兵伐謀，其次伐交，其次伐兵，其下攻城。攻城之法，為不得已。修櫓轒轀，具器械，三月而後成；距闉，又三月而後已。將不勝其忿，而蟻附之，殺士三分之一，而城不拔者，此攻之災也。故善用兵者，屈人之兵而非戰也，拔人之城而非攻也，毀人之國而非久也，必以全爭於天下，故兵不頓而利可全，此謀攻之法也。」

簡單來說，孫武認為最好的勝利是保全自己的有生力量，不戰而屈人之兵，讓敵人投降。多殺敵不是好的結果，真正好的結果是既保全自己，也保全敵人，然後吸收敵人的力量，內化成自己的力量。

怎麼達到這樣的結果呢？〈謀攻篇〉結尾就是流芳百世的名言：「知己知彼，百戰不貽；不知彼而知己，一勝一負；不知彼，不知己，每戰必殆。」

許多人看《孫子兵法》都覺得好厲害，以後打仗也想這樣，不過事實上開打之後，又把《孫子兵法》全部丟到腦後，例如曹操，百分之百的孫子鐵粉，還寫了一本《孫子略解》，被後世公認是《孫子兵法》最好的注解本。

《孫子略解》：「興師深入長驅，拒其都邑，絕其內外，敵舉國來服，為上；以兵擊破得之，為次也。未戰而敵自屈服。」結果曹操一打起仗，完全把《孫子兵法》拋諸腦後，打贏了動不動就屠城，不只軍隊，甚至連平民和戰俘都隨意屠殺，史書上有多次曹操屠城的紀錄：

《曹瞞傳》：「自京師遭董卓之亂，人民流移東出，多依彭城間。遇太祖至，坑殺男女數萬口於泗水，水為不流。」

《三國志》：「太祖擊破之，遂攻拔襄賁，所過多所殘戮。」「紹與譚單騎退渡河。餘眾偽降，（曹操）盡坑之。」

《水經注》：「曹操攻徐州，破之，拔取慮、睢陵、夏丘等縣，以其父避難，被害於此，屠其男女十萬，泗水為之不流，自是數縣人無行跡，亦為暴矣。」

曹操晚年，國內大小叛亂不斷，基本上就是因為他動不動就屠城，讓當地倖存勢力心生怨懟，逮到機會就給他好看。由此可見，殺敵過多絕對不是好戰爭，暴力沒有辦法從根本解決問題。

真正在意義上實現《孫子兵法》當中「全軍」思想的是劉備。

打不贏，跑就對了

來看一下劉備是怎麼打仗的：

《三國志．魏書》：「是時，公方有急於官渡，乃分留諸將屯官渡，自勒精兵征備。備初謂公與大敵連，不得東，而候騎卒至，言曹公自來。備大驚，然猶未信。自將數十騎出望公軍，見麾旌，便棄眾而走。」

官渡之戰開打之前，劉備襲擊了車胄，車胄戰敗身亡，劉備奪取部分徐州領地，招募一批新兵；本來經營得不錯，就在情況愈發上軌道之際，聽聞曹操親率精兵前來，劉備直接打都不打，跑了。當時很多人笑劉備膽小如鼠，畏曹如虎，只有劉備知道，這就是《孫子兵法》教他的招數。

《孫子兵法．謀攻篇》：「故用兵之法，十則圍之，五則攻之，倍則分之，敵則能戰之，少則能逃之，不若則能避之。故小敵之堅，大敵之擒也。」

孫武認為打不過就快跑，不要逞匹夫之勇，白白徒增傷亡，逃跑並不可恥，死了才是什麼都沒有了。劉備深諳此道，才剛收一批新兵，還沒訓練完，曹操就親率虎豹騎、青州兵這種精兵前來，開什麼玩笑，怎麼打得過，跑吧！後世的游擊戰也是這種「全」思想的戰略產物。

其實逃跑也需要勇氣，有些人明知道打不過，但總是心存僥倖地幻想自己可能是項羽再世，或是李世民附身，感覺只要撐到最後就可以迎來好的結局，這種賭徒心態往往會讓自己輸到一敗塗地，呂布就是最好的例子。曹操水淹下邳後，呂布早就知道打不過了，但捨不得苦心經營的一切，選擇死守，最後被曹操先絞死再斬首，一代飛將就此殞落。

不是我使詭計，是你們愛往圈套跑

《孫子兵法》還有一個主要思想——兵者，詭道也。

孫武打仗時講求活用計謀，而且要不斷變化來迷惑對手，讓對手猜不出自己的真正意圖。劉備打仗就常智計百出，博望坡之戰就是最好的例子，史實上夏侯惇打仗確實菜，但旁邊還跟了五子良將于禁啊！結果雙雙被騙，掉入劉備設下的圈套。

劉備入蜀之戰也是很好的例子。當時孫權派出呂岱帶兵隨劉備行軍，打算等劉備打下巴蜀後，名正言順分地盤，結果劉備使出「詭道」，透過一些手法，讓呂岱以為劉備「部眾離落，死亡且半，事必不克」，呂岱率軍退出戰事。劉備等到呂岱離開後，卻成功攻克巴蜀，氣得孫權大罵劉備是「滑虜」，就是狡詐的小人。

漢中之戰更是劉備用兵的巔峰時刻，先是以身犯險，不顧後勤補給線被斷的風險，帶著大軍越過山丘，直接繞到夏侯淵背後的定軍山，打亂夏侯淵的部署。

《孫子兵法．地形篇》：「險形者，我先居之，必居高陽以待敵。」

掌握高地優勢的劉備，隨時都可以對夏侯淵發起衝鋒，讓夏侯淵急忙召回張郃，帶其駐紮到定軍山下，準備在此一決勝負。接著劉備採用法正的奇謀——「聲東擊西」，夏侯淵為了預防被劉備衝擊，親率少數將士布置鹿角拒馬等防禦工事，這個微妙的瞬間被劉備抓住，最後大破敵軍，黃忠也親手斬殺夏侯淵。

直到曹操率軍前來，劉備一方面用防守戰消耗曹軍，讓其「積月不拔，亡者日多」；另一方面，派出黃忠和趙雲出擊，在漢水之戰中擊敗曹軍，整個曹軍陣營一厥不振，最後曹操只能撤退，劉備取得漢中之戰的全部勝利。

以上所有戰績足見劉備是蜀漢名將之首，畢竟此戰難度極高，用兵水準在三國時期都是頂尖。劉備貫徹「全」道還不僅如此，赤壁之戰後，平定荊南四郡時，就是採取「斬首攻心」的戰術，其他三郡的太守看到劉備勢不可當，直接投降，只有武陵太守金旋堅決不降，劉備也不囉唆，率軍突擊武陵並斬殺金旋，用最小的代價結束整個荊南的戰役。

人馬愈打愈多的關鍵

入蜀之戰也一樣，劉備靠著計策和手腕，把自己的人馬愈打愈多，除了在雒城踢到鐵板，打了一年還賠上鳳雛龐統，換作曹操，雒城早就被屠城了，但劉備依舊沒有多行殺戮，最後包圍成都城時，劉璋打算死守，結果劉備只是淡淡說了句：「馬超剛剛來投降於我。」

歷史上馬超的名聲很臭，臭到快和呂布齊名，坑爹、背信忘義、燒殺擄掠、屠城這些壞事一件也沒落下。劉備的意思很簡單：「我很善良，但馬超就不一樣了，你再不出來投降，馬超進去後可是什麼事都做得出來喔！對了，馬超是都亭侯，我是宜城亭侯，我倆算是平級，馬超殺你，可不算我殺的唷！」

劉璋沒辦法，只能開城投降，劉備又用最小的代價吃下成都，由於一直保全自身實力，吸收對手的有生之力，才能在巴蜀戰後，馬上和曹操再戰漢中。

劉備集團還有一項傲人紀錄，自始至終沒有一次屠城的記載，馬超早年雖然有過，但加入劉備陣營就再也沒有了。劉備過去被呂布打到快斷氣時，依然禁止軍隊劫掠百姓，並帶著部隊進行一場難以想像的行軍，一路上劉備手下的官員和士兵為了活命，不得不靠吃同伴的屍體來果腹。

《三國志．先主傳》：「備軍在廣陵，饑餓困踧，吏士大小自相啖食，窮餓侵逼。」

即便慘成這樣，劉備的軍隊依然沒有潰散，沒有嘩變，也沒有拋棄劉備，就這麼一路吃著同伴屍體，直到麋竺率眾來援，才解除了危機。

劉備貫徹《孫子兵法》的「全」，為他拿下亂世當中最寶貴的資源——人心，就是因為每個人心向劉備，蜀漢集團在整個歷史上，才會那麼閃耀而特別的存在。

第五章

長相糟、搶老婆、大老粗——張飛人生的三大謎團

張飛一生中有三大謎團：

謎團一，張飛到底長相如何？

謎團二，張飛真的有搶老婆嗎？

謎團三，張飛真的是軍事莽漢嗎？

陳壽不寫外表錯了嗎？

時間拉回到建安三年（一九八年），曹操和呂布打下邳之戰時，關羽突然戀愛了，對象是呂布手下秦宜祿的前妻杜氏，那可是頭條新聞呀！史書上當然要記上兩筆：

《蜀記》：「曹公與劉備圍呂布於下邳，關羽啟公，布使秦宜祿行求救，乞娶其妻，公許之。臨破，又屢啟於公。公疑其有異色，先遣迎看，因自留之，羽心不自安。」

當時劉備隨著曹操軍與呂布作戰，曹軍搭配關、張二人，打得呂布節節敗退，只好派出部下秦宜祿前往袁術領地求援，沒想到袁術很喜歡秦宜祿，硬把他留下來，並強迫他娶大漢宗室之女為妻。呂布沒等到援軍，成為孤軍；杜氏也沒等到老公，恢復單身。

沒人知道關羽怎麼和杜氏搭上線，史書只記載到下邳城破，關羽多次乞求曹操，說他要娶杜氏。漢朝受儒教文化已久，婚姻講求「明媒正娶」，只有妻子才能用「娶」這個字，妾則是用「納」。

《蜀記》描寫這一段極其傳神，堂堂關二爺居然向曹操「乞娶」杜氏，曹操礙於當時關、張的軍功，只能先同意關羽的要求，但後來看到杜氏的盛世容顏，人妻控曹操再次控制不住下半身，「納」了杜氏為妾，等於在愛情上徹底和關羽翻臉。

《三國志．明帝紀》引《魏氏春秋》：「朗父名宜祿，為呂布使詣袁術，術妻以漢宗室女，其前妻杜氏留下邳。布之被圍，關羽屢請於太祖，求以杜氏為妻，太祖疑其有色。及城陷，太祖見之，乃自納之。」

關羽很不爽，曹操也知道理虧，但關係已經打壞了該怎麼辦？

這時曹操想到張飛，便以朝廷之名，封張飛做中郎將。《張飛傳》：「先主從曹公破呂布，隨還許，曹公拜飛為中郎將。」

中郎將在東漢是個奇特的頭銜，介於將領和校尉之間，權力可大可小，例如曹丕做過的五官中郎將，權力大到可比副丞相；但小的中郎將只不過是個榮譽銜，象徵意義大於實質權力，諸葛亮當過的軍師中郎將便是如此。

曹操對劉備集團的態度很明確——杜氏太美了，我不會還給關羽，你們冷靜、冷靜，誰叫我是人妻控曹操嘛！但其他好說。

曹操很可能在這段時間安排了一場張飛與夏侯氏的聯姻。曹家和夏侯家在漢朝歷史上的關係本來就相當密切，漢朝開國的兩大功臣曹參和夏侯嬰，兩家人經過長期的姻親關係，早被許多人視作同族。曹操為了緩和與劉備集團的關係，安排了這場婚姻，張飛欣然接受，原因可能很單純——夏侯氏太漂亮了。

張飛的容貌在歷史上存有爭議，《三國演義》或三國電玩遊戲，張飛都被描繪成粗獷型的銅鈴眼莽漢；另一派人士提出張飛可能是美男子，不但書法造詣深厚，兩個女兒還都成為劉禪的皇后。

不過《三國志》完全沒有提過張飛的外表，相當反常，作者陳壽很喜歡對外貌做文章，像提到周瑜時，說他「長壯有姿貌」，又高又帥又長又壯；提到劉備時，說他「垂手下膝，顧見自耳」，手臂長到膝蓋，耳垂超大；說關羽時，引用諸葛亮提過的「美鬚髯」，意思是關羽有著一把漂亮性格的長鬍子。

但提到張飛時，卻沒有提過長相，只說他雄壯威猛、亞於關羽。張飛雖然體格健壯，但外表很有可能就是路人甲等級，沒有什麼好提的，所以史書才未描述過樣貌。這樣一個路人甲張飛，兩個女兒居然可以接連成為劉禪的皇后，都說女兒像媽媽，可見夏侯氏算是相當漂亮了。

謎團一解開了：張飛的相貌平平，但老婆一定漂亮。

張飛不是人妻控曹操

曹、劉兩家好景不常，劉備在建安四年（一九九年）自告奮勇要去攻打袁術，而袁術在同年病死。劉備沒多久正式和曹操翻臉，留關羽守下邳，自己帶著張飛前往小沛。這時戲劇化的一幕出現了，張飛碰上了秦宜祿，對他相當不留情面地開罵了。

《三國志．明帝紀》引《魏氏春秋》：「及劉備走小沛，張飛隨之，過謂宜祿曰：『人取汝妻，而為之長，乃蚩蚩若是邪！隨我去乎？』宜祿從之，數里悔，欲還，飛殺之。」張飛大罵秦宜祿說：「曹操搶你老婆，還變成你的老闆，你到底想當老實人多久？老實是優點但不是賣點，是男人就跟我走吧！」秦宜祿聽了以後羞愧地跟著張飛走了；沒走幾里路，秦宜祿又後悔了，想要偷偷返回曹營，卻被張飛發現。

張飛在史實上最重君子，最討厭無信無義又無恥的人，就把秦宜祿給殺了。

秦宜祿真的是三國第一倒楣人。

時間很快地來到建安五年（二〇〇年）一月，名震天下的「衣帶詔事件」爆發，漢獻帝的保皇派損失慘重，身為國舅的車騎將軍董承被殺，然而劉備來不及參與這場叛亂，因為此時他剛打贏袁術沒多久，根本無暇顧及此事；曹操當時雖然正在做官渡之戰的戰前準備，但曹老闆用迅雷不及掩耳的速度反攻劉備，劉備再一次敗北，曹軍活捉關羽和劉備老婆，劉備和張飛無奈只能投奔袁紹。

此時史書突然出現一篇輕描淡寫的描述，《三國志・魏書九・諸夏侯曹傳》注引《魏略》：「建安五年，時霸從妹年十三、四，在本郡，出行樵採，為張飛所得。飛知其良家女，遂以為妻，產息女，為劉禪皇后。」張飛某天外出時，看到正在撿柴的夏侯氏，當時他才十三、四歲，張飛一時忍不住，強搶夏侯氏回去做老婆。

這個記載很奇怪，張飛一向重君子，對於優柔寡斷且輕易毀諾的秦宜祿，完全沒有遲疑地殺了；入蜀之戰時，張飛攻打江州，對一身風骨的嚴顏，他也表達欣賞，留下「義釋嚴顏」的美名。這樣看來，張飛怎麼會隨意強搶民女？對象還是夏侯家的「良家女」？

再者，漢朝受儒教文化熏染已久，只有明媒正娶才享有正妻的資格，強搶來的民女，最多只能用「納」這個字，即便是關羽愛上杜氏，都必須向曹操「乞娶」，而曹操收杜氏，史書上用的也是「納」；然而，張飛搶完夏侯氏後，史書記載其成為張飛正妻，生下的兩個女兒都成為皇后，可見當時劉備集團裡，所有人都認可夏侯氏是透過合法手續，正式成為張飛的妻子。

《魏略》為何又把張飛寫成如此不堪？且建安五年，劉備甫到小沛不久，曹操便大舉進攻，打得劉備集團灰頭土臉，又是丟老婆，又是丟關羽，這個時間點，張飛怎麼還有心思和時間去強搶夏侯家的民女呢？

答案可能只有一個，張飛和夏侯氏的婚姻，本就是曹操為了懷柔而一手安排的，畢竟搶了關羽所愛已經是板上釘釘的事，只能從張飛處著手，所以打完呂布後，關羽既沒封官，也沒給老婆，但對於張飛，曹操封了中郎將，又安排聯姻。只不過後面因為劉備集團叛亂，曹魏集團面子掛不住，《魏略》才這麼寫；又或者張飛和夏侯氏雖然有明媒正娶的婚約，但始終還沒迎娶，張飛離開小沛前，孤軍闖到夏侯氏的所在地，剛好碰見在山林間撿柴的她，於是張飛便對著夏侯氏說：「這一輩子，我只認你做我的妻子，跟我走吧！」

夏侯氏就跟著張飛走了，畢竟夏侯氏是受過教育的「良家女」，兩人是明媒正娶的合法夫妻，只因戰亂無情，使其分隔兩地，再加上張飛費盡苦難，一路從小沛趕到曹操集團的本郡（豫州），只為了追求她，這個畫面想想也是挺浪漫的，如果故事真是這樣，《魏略》也不算亂寫，只是為了醜化張飛的形象，刻意只寫部分事實。

至於為什麼張飛可以孤軍深入？別忘了，他被喚作「萬人敵」，這個外號還不是自己取的，是曹魏集團謀士們的評價。既是萬人敵，深入敵境、娶敵將之女，猶如探囊取物，這也很合理。

《三國志．魏書．程郭董劉蔣劉傳第十四》：「郭嘉：『劉備有雄才而甚得眾心。張飛、關羽者，皆萬人之敵也，為之死用。』」「程昱：『劉備有英名，關羽、張飛皆萬人敵也。』」

張飛後來和夏侯氏感情很好，史書再無記載他有納妾的紀錄，和夏侯氏生了二子二女，在那個群雄並起、戰亂逢生的年代，兩人能夠一心一意、相守到老，也算是圓滿的愛情故事。

地理小老師

最後一個謎團：張飛真的是軍事莽漢嗎？

萬人敵張飛的史料記載還真不多，《張飛傳》記載其「雄壯威猛」，《吳書・周瑜傳》提到周瑜說關、張二人是「熊虎之將」，從這些史料看來，張飛應該是標準的粗獷漢子，性格相當衝動，看到和自己性格、價值觀不合的人，往往都會採取極端手段（例如殺秦宜祿），對部下動輒鞭打，連劉備和諸葛亮都經常看不下去；但張飛一路從東漢中郎將，到劉備開國後封其為車騎將軍、西鄉侯，至少說明張飛行軍作戰一點也不莽撞，相反的，他擁有獨領一軍的能耐，還非常擅打地形戰。

《三國演義》有許多虛構情節，例如草船借箭的原型其實是孫權；孔明在正史中沒有借過東風。然而，張飛「拒水斷橋」的故事，歷史上卻是真實發生過。

劉備為何逃得如此狼狽，因為劉表死後，繼位的劉琮在投降的第一時間竟然沒有通知劉備，等曹軍已經抵達宛縣，才派一個叫宋忠的官員通知他（名字諧音真不吉利），劉備只好倉促逃離。他先派關羽率精甲萬人搜刮襄樊一帶的戰船，讓這批荊州最精銳的兩棲部隊前往漢津待命；自己則和張飛、趙雲等人南下，打算前往江陵。

劉備在荊州經營已久，素有賢名，而曹操經常屠城，臭名遠播，一路上荊州的百姓不斷趕來依附劉備，劉備不忍心，有多少百姓就收多少，但大大拖累了行軍速度。劉備本隊帶的粗估約二千餘人，最後竟收了數萬名百姓，導致日行僅三十里，漢代一里大約是現代四百一十五．八公尺，也就是說，劉備和百姓一天只能走十二．四公里。而曹操抵達荊州後，研判劉備是趕往江陵，便派出五千名最精銳的「虎豹騎」，讓全軍丟掉輜重，以最快速度追趕。虎豹騎究竟有多快呢？

《先主傳》：「曹公將精騎五千急追之，一日一夜行三百餘里。」

《魏書》：「純所督虎豹騎，皆天下驍銳，或從百人將補之。」

所有虎豹騎都是百裡選一的精銳，且一晝夜可疾行三百多里，超過一百二十五公里（約臺北到臺中），轉眼在當陽追上了劉備。五千名虎豹騎對上二千名劉備輕步兵，還附帶十萬拖油瓶，劉備集團很快就被沖散，老婆、孩子又掉了，他只能帶著敗兵倉促逃往漢津，這時戲劇化的一幕出現了。

《張飛傳》：「先主聞曹公卒至，棄妻子走，使飛將二十騎拒後。飛據水斷橋，瞋目橫矛曰：『身是張益德也，可來共決死！』敵皆無敢近者，故遂得免。」

劉備讓張飛率二十名騎兵和少數步兵殿後，張飛打開地圖，導航到了一條河川，並一個人佇立在橋上。張飛將手上的矛橫過來，正面朝向虎豹騎追兵，瞪著眼睛喊：「我就是張益德，有種就來和我拚命！」不可思議的畫面出現了，這群號稱「天下驍銳」的特種部隊，竟呆站在河的彼岸，無一人敢上前！

虎豹騎會有如此表現，很可能就是曹、劉聯軍攻打呂布時，親眼目睹張飛的武藝，但更重要的是，橋面不利於大部隊展開，騎兵也無法在橋上衝鋒，只能憑個人武藝和張飛單挑，但張飛是萬人敵啊！誰上誰死，所以這群虎豹騎不敢靠近，張飛得以爭取到時間，讓劉備和關羽會合。

這是張飛第一次用地形千古留名。

張飛第二次人生輝煌時刻是在巴西擊敗張郃，張郃是何許人也？是令劉備、諸葛亮頭痛的狠角色，從黃巾起義開始嶄露頭角，投降曹操後，攻鄴城，渤海敗袁尚、袁譚，征烏丸、平馬超，破韓遂，圍安定，滅張魯，屢建軍功。甚至劉備在漢中之戰時，親率精兵萬餘人，分做十部連攻張郃，都無法把他拿下；諸葛亮第一次北伐，派馬謖守街亭，也是被張郃迅速擊敗，足見他的可怕。

但張郃對上張飛卻吃足苦頭，史書記載：

《張飛傳》：「郃別督諸軍下巴西，欲徙其民於漢中，進軍宕渠、蒙頭、盪石，與飛相拒五十餘日。」

簡單來說，東漢末年最重要的資產就是人口。曹操得到漢中後，實行人口遷移計畫，此時劉備還在荊州和孫權搶三郡，結果消息傳來，益州震動，劉備當機立斷，和孫權達成共識，以湘水為界、平分三郡。

曹操令張郃到巴西，把百姓遷移至漢中；巴西此時由張飛鎮守，兩人勢不可免地發生一場戰爭，五虎上將和五子良將的頂尖對決，好戲即將展開。

《張飛傳》：「飛率精卒萬餘人，從他道邀郃軍交戰，山道迮狹，前後不得相救，飛遂破郃。郃棄馬緣山，獨與麾下十餘人從間道退，引軍還南鄭，巴土獲安。」

張飛利用熟知地形的優勢，對峙五十天後找到戰機，趁著張郃軍在狹窄的山道中，部隊被迫延長，前後無法呼應，張飛便出擊切斷張郃部隊，徹底擊敗張郃。張郃最後有多狼狽？史載他連馬都丟棄了，只能和十幾個部下徒步翻山越嶺，才勉強逃離戰場，這場戰爭在劉備本傳有更詳細的前後記載。《先主傳》：「曹公使夏侯淵、張郃屯漢中，數數犯暴巴界。先主令張飛進兵宕渠，與郃等戰於瓦口，破郃等，郃收兵還南鄭。先主亦還成都。」

張飛被劉備命令在第一線對抗曹軍精銳，可見相當信任張飛的軍事能力，而他沒有辜負劉備期望，和張郃對峙五十幾天，耐著性子，誘使張郃到狹窄山道，並抓住戰機成功擊敗他，讓這個五子良將最後竟然只能和十幾個部下棄馬逃離戰場，可見張飛不但不莽撞，還是個地理小天才。

關、張被稱作萬人敵，是因為兩人都是可以獨領一軍、鎮守一方的將才。關羽是三國少數水陸兩棲的複合型人才，單就個人武藝，可在萬軍陣中斬顏良，而且擅長以少打多，襄樊之戰中水淹七軍，降于禁、斬龐德、困曹仁，威震華夏；張飛則能以一擋百、拒水斷橋、入蜀之戰連破敵軍、義釋嚴顏，還能善用地形大敗張郃，可惜對部下太過嚴厲，才導致夷陵之戰前，遭叛變割首，魂斷江州。

張飛長子早夭，孫子張遵後來和諸葛瞻一同戰死於綿竹；蜀漢投降後，張飛次子和女兒因是夏侯氏後人，曹軍沒有難為他們，便伴隨劉禪前往曹營，度過餘生。關羽一門則被龐德之子龐會滅門，算是幫父親報了仇。

回到本文主題，張飛人生有三大迷團，我們可以這樣推斷：

張飛長相一般，老婆漂亮，他不莽，活出了精彩的一生。

第六章

剛上巔峰就入地獄——關羽的樊城困境

建安二十四年（二一九年），劉備結束為期三年的漢中之戰，這場號稱「男子當戰，女子當運」的立國之戰，耗盡劉備所有氣力和益州全部資源。曹操於五月撤出漢中，劉備正式自立為漢中王，拜關羽為前將軍、假節鉞，統領荊州軍政諸事。

威震華夏

什麼是假節鉞？假是借的意思，節是君王的持節，鉞是君王專屬的刑具斧鉞，假節鉞的真正意思就是可以代替君王自由行使職權，包含任意處罰二千石以下的官員，或自由調度軍隊發動戰爭，不必事先知會君王，這在古代是相當大的權力。

綜觀東漢建安年間，獻帝還在當皇帝時，享有假節鉞的人僅有董卓、曹操、關羽、于禁這四人而已。董卓和曹操是權臣，已經到了可廢立皇帝的地步，假節鉞自然只是象徵；但于禁和關羽就不同了，他們是隸屬於曹、劉集團的代表，也就是說，這兩人從官位和權力來看，都是集團中的首腦。于禁是左將軍，假節鉞；關羽則是前將軍，假節鉞，兩人都可以自由決定戰略意圖，不受君王左右。

兩大陣營的頂上決戰發生在建安二十四年——樊城之戰，關羽於這一年揮軍北伐，在遭遇戰和前哨戰都占盡優勢。

曹操急忙從漢中撤回，也和關羽有很深的關係。建安二十三年（二一八年）到二十四年間，曹魏集團的核心地區發生多起叛亂，全部都指向一個人——關羽，樊城之戰開打前，關羽早已威震華夏。

建安二十三年正月，保皇派的太醫令吉平、少府耿紀、司直韋晃等人於許都叛亂。同年，洛陽附近的陸渾發生民變，百姓以孫狼為首叛變，南附關羽。十月，宛城的侯音叛亂，宛城就在樊城上方，曹仁率軍平叛並屠城。

《資治通鑑．卷六十八》：「陸渾民孫狼等作亂，殺縣主簿，南附關羽。羽授狼印，給兵，還為寇賊，自許以南，往往遙應羽，羽威震華夏。」

建安二十四年三月，曹操決定回援，七月關羽圍困襄樊，中間意外產生了史料上的空白，沒有記載關羽和曹仁發生幾次野戰，只知道最終結果，曹仁帶著僅剩的幾千人，困守在樊城。

問題來了，曹仁原本有多少兵馬？不知道。但在曹操征討馬超的記載中，曹仁曾統領七軍，加上守樊之前，曹操又授與其征南將軍、假節，曹仁還曾經率兵平侯音數千人的反叛，怎麼說兵力都不應該低於七軍，最後卻只能留守數千敗兵於樊城，這是怎麼了？

《曹仁傳》：「仁人馬數千人守城。」

答案很簡單，幾個月的野戰中，曹仁的精銳野戰部隊全被關羽軍打殘了，致使襄樊告急。曹操立刻讓左將軍于禁的泰山兵團前去支援，泰山兵團是曹操三大正規軍之一，久經沙場，是精銳的成建制部隊，而且人數也不含糊，曹操讓于禁督領七軍，漢代一軍為一萬二千五百人，但到了東漢末年，一軍大約五千人，于禁率七軍約三萬五千人來援，和《華陽國志》描述的三萬人相當，曹操等於把家底都掏出來了，力求保下襄樊戰區。

于禁抵達戰場後，關羽退回漢水，兩軍開始對峙，魏左將軍于禁與漢前將軍關羽，地位相當、同時都有假節鉞之權的兩人，頂上對決就此展開。

正常來說，于禁、龐德、曹仁還有在襄陽的呂常，兵力應該大於關羽，一般的將領都會選擇退卻，但關羽沒有，相反的——關羽在等。關羽在荊州時日已久，對荊州地形、天氣算是瞭如指掌，他觀察到于禁駐紮在漢水旁，而且地勢較為低窪，決定向老天賭一把，賭那場大水會不會發生。

《于禁傳》：「秋，大霖雨，漢水溢，平地水數丈，禁等七軍皆沒。」

八月，大雨十餘日，漢水暴漲沖垮了河堤，淹沒樊城和附近的民房，洪水有多高呢？數丈，漢代一丈是二百三十一公分，大水淹到城牆上，關羽水軍可以輕鬆利用這場大水，任意往返樊城洪水區；而于禁則矇了，從北方下來的他，一艘船也沒帶，大部分軍需、兵器、輜重還被沖走，只能和部下趕往高地，沒想到這時映入眼簾的是關羽的精銳水軍。

《于禁傳》：「禁與諸將登高望水，無所回避，羽乘大船就攻禁等，禁遂降，惟德不屈節而死。」

面對關羽的大船，手上的兵缺箭少糧，連艘小船都沒有，對面船上則是滿滿持弓的關羽水軍，這仗還怎麼打？降吧！於是于禁率三萬人投降關羽的三萬人，龐德力戰到底，最後在水中被生擒，不降而死，頂上對決的結果，于禁滿盤皆輸。

大意失荊州？

關羽一生基本上是武將的巔峰，擅長野戰，也懂斬首行動，曾在白馬之戰直搗指揮中樞，將顏良陣斬於馬下，讓敵軍群龍無首，只能四處潰逃。他到荊州以後，迅速和荊州水軍融為一體，打造一流的水軍和兩棲部隊；還特別精於建築工事，「絕北道」時布置許多鹿角和防禦工事，讓曹軍不能有效支援南郡的曹仁。他也能反間敵國，樊城之戰前一年，所有大小叛亂幾乎都和關羽有關；他還深受民眾愛戴，治理荊州期間，幾乎沒有發生過叛亂。

更重要的是，關羽早就習慣以少打多，畢竟劉備從來就不是個資源豐沛的老闆。

《三國志．魏書十四》：「蜀，小國耳，名將唯羽。」

有人說關羽是大意失荊州，但在我看來不是，關羽北伐經過縝密思考。首先，發動時間點是農曆七月，荊州的秋天易有暴雨，會造成河川水位暴漲，人在大自然的面前很渺小，自古以來以少勝多的戰役，都離不開水火土石風。暴雨後，漢水有可能潰堤，這是敵不知而我知的情報，也是關羽自信能以少勝多的關鍵。

荊州各地聽聞關羽水淹七軍後紛紛表態，荊州刺史胡脩投降、南鄉太守傅方也投降，整個南陽可以說是關羽的囊中物；許都附近的山賊流寇也都插上關羽的旗幟，曹操更動了遷都的打算。但正所謂盛極必反，關羽迎面而來的第一個困境便是：「要怎麼消化于禁的三萬人？」這三萬人已經是士氣全無的零戰力狀態，也缺乏該有的軍需補給，本來夠關羽三萬本隊吃一個月的糧食，現在加上了三萬降卒，只剩下半個月。因此，關羽一面派人將三萬降卒送往江陵，一面加緊圍攻樊城和襄陽。

東吳的孫權此時露出了獠牙。

孫、劉聯盟本就是脆弱的組合，魯肅執政期間尚且還能貌合神離，但鴿派的魯肅一死，繼任的呂蒙就沒那麼客氣了。呂蒙出身平民，周瑜是官二代，魯肅是富二代，和兩個家世好的天才相比，呂蒙是完全的地才，連讀書都是孫權和魯肅要求他去做。幸好呂蒙是肯努力的人，資質也不差，加上人緣非常好，又肯討上司歡心，更重要的是，他是屢建軍功的人。

只是呂蒙在戰略上，和魯肅是截然不同的風格，魯肅強調孫、劉一定要聯盟，共同對抗強大的曹操，因此不管劉備怎麼耍無賴，魯肅都勸誡孫權不要因為眼前的利益失去遠大目標。然而，呂蒙強調要「全取荊州」，第一步就是要消滅關羽，畢竟他實在太可怕了。想想看，孫權打了多少次合淝之戰，全部無功而返，在逍遙津還被張遼用八百人狠狠洗臉，最後落了個孫十萬的美名。

但關羽呢？只用少少三萬人，便打得曹魏集團幾近崩潰，困曹仁、降于禁、斬龐德、水淹七軍、策反曹營、威震華夏，而且一旦控制襄樊，加上原本屬於劉備的江陵，蜀漢在兩條最重要的水路上，就可以對東吳有著強大的牽制能力，這對孫權來說才是最致命的。

儘管軍事能力不行，但孫權政治上的精明卻毋庸置疑，他先派出使者詢問關羽，說為了維護兩家情誼，願意安排自己的兒子娶關羽的女兒為妻，希望關羽可以同意。這其實是巧妙的試探，首先，孫權的兒子當時年紀很小，要到可以結婚的年齡，恐怕還要好幾年；再來就是劉備和孫權妹妹曾有過政治聯姻，但兩人感情很差，孫夫人甚至曾想把阿斗帶回東吳當作人質，好在被趙雲識破。劉備陣營對於東吳的政治聯姻，可說是一點好感也沒有。

《關羽傳》：「先是，權遣使為子索羽女，羽罵辱其使，不許婚，權大怒。」

為什麼孫權要提出這個邀請呢？第一，要試探關羽的態度，孫權可藉此判斷是否要真的將其除掉；第二，孫權就是在等關羽拒絕，一旦他拒絕，孫權就有了出兵的理由，這才是他真正的政治意圖，就這一點來說，孫權真的是政治天才，也難怪曹操會說：「生子當如孫仲謀。」

人才短缺

關羽的第二個困境，就是身邊可用的人才太少。關羽在樊城之戰打出神一樣的操作，面對曹魏的豪華陣容，是成團的毀滅對手；但戰爭都是政治的衍生，關羽沒有足夠的政治高度，劉備也沒有給予他夠格的副手，甚至整場戰爭中都看不到關羽身邊有謀士來分攤後勤壓力，或是調和與同僚之間的關係。整個北伐期間，竟看不到任何來自中央的支援，即使關羽不斷催促派兵支援，在上庸的孟達和劉封兩人最終也是以領地不穩為由拒絕。

《劉封傳》：「自關羽圍樊城、襄陽，連呼封、達，令發兵自助。封、達辭以山郡初附，未可動搖，不承羽命。」

相反的，曹魏方可說人才濟濟、資源充沛。曹仁的軍團被團滅了，就派出于禁加七軍的兵力；水淹七軍後，再派出徐晃加三萬兵力，後面還有張遼的援軍，都說戰爭打的是資源，樊城之戰充分體現出曹魏和劉備集團資源上的巨大差異，曹操至少有三波試錯的本錢，關羽只有一波。

值得注意的是，曹魏集團中，趙儼在這場戰爭中扮演重要的政治角色。趙儼是個老好人，經常在各大戰爭扮演護軍的角色，什麼是護軍呢？就是調和將領之間的關係，發生不合的狀況，就要出來說說好話，安撫每個人的心情；在關鍵時刻，護軍要在政治立場上指引諸將，確保戰略方向的正確性，正確執行老闆的意志。

樊城之戰中，趙儼跟著徐晃前來支援，徐晃帶領新兵，深知現在不管兵力也好，兵員素質也罷，都不是關羽的對手，所以到達戰場後選擇按兵不動，等待其他援軍集結。等待期間，部將多次催促徐晃出兵，他不知道怎麼回應，也是老好人趙儼出來調解，並建議大家說，現在應該和樊城中的曹仁聯絡，讓城中守軍知道援軍已到，來激勵我軍的士氣。

《趙儼傳》：「儼以議郎參仁軍事南行，與平寇將軍徐晃俱前。既到，羽圍仁遂堅，餘救兵未到。晃所督不足解圍，而諸將呵責晃促救。儼謂諸將曰：『今賊圍素固，水潦猶盛。我徒卒單少，而仁隔絕不得同力，此舉適所以弊內外耳。當今不若前軍偪圍，遣諜通仁，使知外救，以勵將士。計北軍不過十日，尚足堅守。然後表裡俱發，破賊必矣。如有緩救之戮，余為諸軍當之。』諸將皆喜，便作地道，箭飛書與仁，消息數通，北軍亦至，幷勢大戰。羽軍既退。」

在趙儼的協助下，曹仁收到援軍的消息，城中士氣大振，而徐晃也等來十二營援軍，並在野戰中擊敗關羽，成功解了樊城之圍，趙儼可以說功不可沒。如果荊州集團有類似趙儼的角色，協助調和荊州諸將，在政治上又可以給出實用建議，關羽在樊城之戰很有可能就不會敗，但歷史沒有如果，和曹魏相比，劉備集團的人才和資源實在太過匱乏，這就是關羽的第二個困境。

高標準下的悲歌

關羽的第三個困境，就是劉備給了他「假節鉞」的權力。聽起來有點像胡扯，「假節鉞」明明代表君王最大的信任，怎麼反倒變成關羽的困境呢？這就和關羽的個性有關。

關羽輕小人而善待士卒，對自己的道德標準很高，所以給人的感覺就是「傲」。劉備自立漢中王時，封關羽為前將軍、黃忠為後將軍，關羽知道後氣得大罵：「大丈夫終不與老兵同列！」最後還是費詩出來調和，直誇關羽就是劉備集團第一人，二爺才氣消。

《費詩傳》：「先主為漢中王，遣詩拜關羽為前將軍，羽聞黃忠為後將軍，羽怒曰：『大丈夫終不與老兵同列！』不肯受拜……詩謂羽曰：『……且王與君侯，譬猶一體，同休等戚，禍福共之，愚為君侯，不宜計官號之高下，爵祿之多少為意也。僕一介之使，銜命之人，君侯不受拜，如是便還，但相為惜此舉動，恐有後悔耳！』羽大感悟，遽即受拜。」

說真的，關羽其實不是討厭黃忠，只是標準太高，覺得黃忠是沒文化的老兵油子，不過就是定軍山之戰斬了夏侯淵而已，憑什麼平起平坐？所以關羽北伐大有較勁的意味存在，沒想到真的給他打出水淹七軍加威震華夏。從這裡就可以感覺到，對同僚都如此傲慢的關羽，對部下更沒有好臉色了。

當關羽在前線奮戰時，在公安的士仁和江陵的糜芳，因為軍需調度不力，甚至還發生倉庫失火的狀況，直接導致戰備物資損耗。二爺知道後，說了句：「回來再修理你們。」一史書上記載二人聽到後，每天都惶惶不安。

《關羽傳》：「又南郡太守麋芳在江陵，將軍傅士仁屯公安，素皆嫌羽自輕己。羽之出軍，芳、仁供給軍資不悉相救。羽言：『還當治之。』芳、仁咸懷懼不安。」

對關羽來說，可能只是隨口的一句話，但對荊州所有部將而言，他現在可是「假節鉞」的前將軍，可以不經過劉備決定部下生死，這大概才是令麋芳、士仁惴惴不安的原因，加上兩人很可能早有盜賣軍需給東吳集團的不良紀錄，要不倉庫怎麼會無端失火呢？荊州可是不時下著大雨呢！

關羽是武聖、是軍神，但麋芳也好、士仁也罷，都只是普通人，兩人既沒有亮眼的軍事成績，也沒有傑出的政治表現，麋芳純粹就是資歷老，加上國舅身分，才被安排在江陵城這個重要據點；士仁估計也是跟隨劉備已久，才被部署在公安。對關羽來說，江陵城已經被他打造成固若金湯，而且大軍從襄樊戰場趕回江陵，只要三天，麋芳再沒用，都不至於守不住江陵。

最重要的是，包括劉備在內，沒有人相信麋芳會降。

呂蒙此時稱病返回建業，荊州前線換上陸遜。此時的陸遜還不是名將，和孫權有姻親關係，關二爺一看：「喲呵，不就是個靠裙帶關係上位的廢物嗎？」加上陸遜上任後，寫了一封充滿仰慕之詞的信，大大陳述自己對關羽的景仰有如滔滔江水、綿延不絕等，關羽最吃這一套了，便放心抽調江陵的兵力到前線。呂蒙此時才發動白衣渡江，星夜走水路前往公安和江陵，大概是平常掌握了不少士仁和麋芳的把柄，兩人居然開城投降了！呂蒙就這樣兵不血刃，拿下荊州最重要的江陵城，這可把他樂得直在城外就開起慶功宴了。

《呂蒙傳》：「使白衣搖櫓，作商賈人服，晝夜兼行，至羽所置江邊屯候，盡收縛之，是故羽不聞知。遂到南郡，士仁、麋芳皆降。」

前方戰事不利，後方又失守，關羽只能向南撤退，其實二爺在這之中有很多逃跑的機會，但自尊心不允許，一來劉備委他鎮守荊州，關羽從頭到尾都只想著如何止損和翻盤，南撤時也沒有任何逃跑的打算，但隨著呂蒙各種攻心之計，關羽的部隊撐不住了，畢竟家人們全在江陵，聽到呂蒙好生善待這些軍眷以後，關羽軍士氣全無、只想回家。

最後關羽發現大勢已去，全然沒有逃跑的可能，只能魂斷麥城、身首異處。按照呂蒙這種做絕的方式，很有可能事先就得到孫權授意：「無論如何，關羽必須死。」

歷時五個月的樊城之戰就此落幕，關羽七月揮軍北上，到十二月身死麥城，一個人創造許多奇蹟般的戰績。以三萬兵力，孤身對抗曹魏和東吳的全明星陣容，所有三國裡叫得出名號的強將，在這場戰役中幾乎都被關羽打得灰飛煙滅，還得靠東吳背盟、部下投降，才讓關羽前功盡棄，輸掉這場關鍵戰役。

弔詭的是，關羽死後一個月，曹操和呂蒙也相繼離世。

據說關羽對上徐晃時，兩人於陣前相見，聊了不少心事，畢竟十九年前，關羽曾和徐晃、張遼一起參與白馬之戰，關羽勇冠三軍、陣斬顏良，解了白馬之圍，加上三人同為山西人，關羽從此和徐晃、張遼兩人成為好友。

《蜀記》：「羽與晃宿相愛，遙共語，但說平生，不及軍事。須臾，晃下馬宣令：『得關雲長頭，賞金千斤。』羽驚怖，謂晃曰：『大兄，是何言邪！』晃曰：『此國之事耳。』」

關羽和徐晃宿相愛，史書就是這麼寫，大家自己翻譯，這也證明十九年來，兩人應有書信往來，但說平生，不談軍事。聊了四十八分鐘後，徐晃突然下馬，對全軍宣令：「得到關羽首級的人，賞黃金千金！」關羽嚇了一跳，對著徐晃問：「大哥，你怎麼突然這樣說？」

徐晃回答：「我們的私事聊完了，現在是國事。」

徐晃最終打退關羽，成為樊城之戰的關鍵角色，能勝關羽，一方面是憑藉兵力優勢，畢竟當時關羽的兵力已捉襟見肘，只能率五千人出戰四冢；徐晃是等援軍到齊、兵力達到數萬後再發起攻擊，加上他治軍嚴謹，身先士卒，率軍殺到關羽的包圍網陣中，頗有當年關羽「斬顏良」的氣勢。

關羽真正的樊城困境是：兩國國力差太多，就算水淹七軍、威震華夏，但只要走錯一步，可能滿盤皆輸；反觀曹魏，從頭到尾被壓著打，折兵損將無數，但曹仁輸了還有滿寵，于禁、龐德輸了還有徐晃，七軍被團滅後，還能四處徵調兵員，而劉備在樊城之戰期間，竟無法派出任何有效支援，也無法提供糧草協助，這便是國力與經濟實力上的懸殊差異。

第七章

赤壁之戰——九年前的那陣東風

要看懂赤壁之戰有三個關鍵：

關鍵年：建安十三年（二〇八年）；

關鍵字：水軍；

關鍵地：江陵。

這三個關鍵恰巧符合天地人三才，而赤壁之戰剛好是三分天下的關鍵，只能說，歷史有時候就是這麼剛好。

關鍵二〇八

建安十三年是忙碌的一年，首先，曹操結束了官渡之戰，準備把目光放在荊州；荊州的劉表突然病逝，繼位的劉琮決定投降，劉備只能往南跑，意在軍需充足、城防堅固的江陵，但被曹操識破其戰略意圖，派出虎豹騎在當陽追上劉備軍，雙方發生長坂坡之戰，最後兵敗撤往漢津，與關羽會合。

曹操擊敗劉備後，沒有殲滅他的打算，而且全軍急奔江陵，因為再不快點，東吳就要下手了。曹操進到江陵後，開始初步消化荊州，先分封荊州當地豪族，許之與官位爵祿。另外就是把劉琮調到許都，給個無實權的官職，避免再發生宛城之戰的可能。

在當陽長坂坡時，東吳派了重量級人物去找劉備，就是大戰略家魯肅。劉表病逝後，東吳就一直緊盯荊州，畢竟它緊臨江東，所有動靜都與江東息息相關。魯肅找到劉備後，問他怎麼打算，劉備還打哈哈和魯肅說可能要去廣東越南找朋友了。

《先主傳》：「且問備曰：『豫州今欲何至？』備曰：『與蒼梧太守吳巨有舊，欲往投之。』」

魯肅是個聰明人，知道劉備在唬爛，直接對他說：「不如和東吳聯手，一同想辦法抗曹吧！」魯肅會這麼說，是因為劉備透露了關羽的精銳水軍還在，有精甲萬餘人，還順手搜刮了襄樊幾百艘船；江夏的劉琦也有一萬多水軍，所以劉備聯軍還保留了二萬多的水軍戰力。

《魯肅傳》：「肅徑迎之，到當陽長坂，與備會，宣騰權旨，及陳江東強固，勸備與權並力。備甚歡悅。」

魯肅聽罷，馬上遞出東吳的橄欖枝，所以孫、劉聯盟一開始是東吳先發動，畢竟二萬多的水軍，加上名將關羽打造的兩棲水陸精甲部隊和萬人敵張飛，還有本身就很能打的劉備，怎麼說都不算弱，是非常能拿得出手的。

東吳水軍冠三國

東吳方面的水軍有多強大呢？赤壁之戰時，東吳嚴格來說不是水軍而已，已經是初具渡海實力的海軍，當時漢代最大的戰艦叫「樓船」，一般樓高三層；但東吳的樓船竟可高達五層，吃水千噸，最多可容納三千甲士，甲板上還能讓車馬跑來跑去，活生生就是古代的航空母艦，當年整個東亞，東吳就是最強水軍。

東吳的樓船大多是主帥乘坐，和現在航母一樣有很多中二的名字，《太平御覽》曾提到東吳有「飛雲」、「蓋海」、「長安」、「赤龍」、「馳馬」、「青龍」等名號。樓船除了是船艦名稱外，還是將軍名號。

《光武帝紀下．注引漢官儀》記載：「平地用車騎，山阻用材官，水泉用樓船。」

換言之，車騎將軍、材官將軍、樓船將軍分別代表了騎兵、步兵、水兵三種統帥。

草船借箭的原型其實是孫權，他坐著長安號跑到曹操軍前，曹軍下令放箭，長安號一邊中箭過多，船身發生傾斜，孫權馬上下令調轉船身，讓另一側也中滿箭，船身恢復平衡，然後就大搖大擺地謝丞相賜箭走了，這也顯見東吳水手們的駕船技術，已經到了爐火純青的境界。

《三國志．吳主傳》裴注引《魏略》曰：「權乘大船來觀軍，公使弓弩亂發，箭著其船，船偏重將覆，權因迴船，復以一面受箭，箭均船平。」

樓船也有缺點，浪大就翻，而且一翻船就會沉下去，東吳有好幾次大型樓船沉船的紀錄。

除了樓船以外，東吳最出名的就是艨艟（音同蒙童），主要負責偵查、騷擾、突擊，船體狹長、速度極快，用槳作動（類似龍舟那麼快），船身還包覆牛皮做為防火層，突進敵軍並燒毀敵方船艦，黃蓋就是用艨艟突擊曹操水軍，一把火燒掉曹操的天下夢。

東吳水軍還有大量運輸艦，叫做「走舸」，速度很快，除了運輸部隊和物資，也可以繞到敵軍身後偷襲；還有一種指揮艦叫「鬥艦」，船身有旌旗和指揮用的金鼓，兩側是插槳的孔，上層有帶箭孔的女牆，可供士兵射箭同時防禦使用，鬥艦除了指揮還能正面作戰，算是艦隊中的核心。曹休打東吳時，史書記載：「蒙沖鬥艦之屬，望之若山。」東吳這些精銳水師多得和山一樣連綿不絕，曹休嚇到晚上都做惡夢。

以上所有東吳的大小船艦，保守估計約六千艘以上，加上關羽萬人精銳水軍，對比赤壁之戰時的曹操方，手下除了荊州水軍能看以外，船艦嚴重不足（襄樊水軍被關羽整批免運費帶走了），北路軍僅能造幾千艘竹筏應急，結果赤壁第一次遭遇戰時，被周瑜整批燒了；南邊的荊州降軍在此前還被周瑜打爆三次，聽到周瑜又來了，不用瘟疫，荊州水軍又開始頭痛起來。

東吳也有缺點——人口少，甚至有過到夷洲（臺灣）抓島民回去充當兵員的紀錄，不過只抓了幾千人，但東吳可是出去一萬人，在路上的陣亡率超過八成，最後才抓幾千人回來，完全不符成本，氣得孫權直接砍了當時負責的部將。

《資治通鑑．卷七十一》：「春，吳主使將軍衛溫、諸葛直將甲士萬人，浮海求夷洲、亶洲，欲俘其民以益眾。」

《資治通鑑．卷七十二》：「衛溫、諸葛直軍行經歲，士卒疾疫死者什八九，亶洲絕遠，卒不可得至，得夷洲數千人還。溫、直坐無功，誅。」

這也是魯肅聽到劉備還有二萬多人的戰力，便馬上邀請他共商對策的原因，因為東吳本就缺兵，周瑜向孫權要五萬人，最後只給三萬，孫權還玩了漂亮的一手。三萬人不是全交給周瑜，而是由程普領一萬、周瑜領一萬、魯肅領一萬。你看，一位是老爸留下來的宿將，另一位是哥哥的結拜兄弟，最後一位是自己的親信，三者出身不同，可以互相監督制衡，避免率眾投降的行為，孫權此時才二十多歲，權術已經如此老練。

《三國志．周瑜傳》注引《江表傳》：「五萬兵難卒合，已選三萬人，船糧戰具俱辦，卿與子敬、程公便在前發。」

前面的章節提到，若是想要以弱勝強，必須借助大自然的力量，就是水火土石風；除此之外，還必須尋求一場決戰，畢竟風會停、水會退、火會熄、土石會止，周瑜的戰略意圖很明確，必須預設好戰場發生的地點，主動出擊，才能迫使曹操和他進行決戰。

且不管是魯肅、周瑜還是諸葛亮，三人都看出曹操的弱點。第一，曹操的軍隊八年來不斷打仗，嫡系部隊經過剿滅袁紹集團的大戰役後，沒有好好進行休整，反倒在北方挖了玄武池，目的是為了訓練北方水軍；第二，建安十三年，從劉表病死到劉琮投降，再到長坂坡之戰，前後不過二、三個月，曹操根本還沒有時間好好消化荊州的戰力，這種情況下，荊州水軍的軍心肯定不穩，打起仗來絕對不會盡心盡力。第三，曹操軍團都是北方人，擅長步騎配合作戰，但南方人習慣水陸兩棲作戰，因此在南方的地理條件上，北方人幾乎不占優勢，加上南北氣候不一樣，曹軍進到荊州以後，眼看就入冬了，古代不比現代，禦寒衣物有限，曹軍又長途跋涉，水土不服，很容易產生疫病。

孫、劉聯盟就是在賭這些條件會全部發生，當條件具備以後，就必須主動尋求決戰，而不是等東風，所以赤壁之戰不是曹操主動想打，而是孫、劉集團想打。歷史上的赤壁之戰打了兩次，第一次叫做赤壁遭遇戰，戰前曹操軍果真發生瘟疫，周瑜看準時機，和劉備的聯軍主動出擊，在赤壁遭遇戰擊敗曹操。

《周瑜傳》：「權遂遣瑜及程普等與備并力逆曹公，遇於赤壁。時曹公軍眾已有疾病，初一交戰，公軍敗退。」

曹操發現周瑜和劉備的水軍不好啃，於是將部隊退至長江北岸的烏林，而周瑜則集結在南岸的赤壁，兩軍開始成對峙之勢，最後起火的地方其實也不是赤壁，而是烏林，火燒赤壁是錯誤的說法，應該要說火燒烏林。

正當周瑜思考著破敵之法，這個時候，黃蓋登場了，主動提出向曹操詐降的計謀，為什麼黃蓋有自信讓曹操相信他呢？看一下黃蓋的背景就知道了。

萬事俱備，只欠東風

黃蓋，字公覆，荊州零陵人。

黃蓋早年認識曹操，而且本來就是荊州人。荊州有四大家族，分別是蒯、蔡、龐、黃這四個士族，蒯、蔡兩家是其中最具權力的豪強，黃家代表人物有黃承彥（諸葛亮岳父）、黃祖等。而黃蓋先祖是南陽太守黃子廉，只是因為家族分支的關係，祖父才遷到零陵郡。

黃蓋自幼貧苦，後跟隨孫堅作戰，一直是軍中的中堅力量，孫堅死後，黃蓋繼續事奉孫策和孫權，但做為軍中宿老，得到的實質封賞不多。孫堅死後，江東十二虎臣第一次進行封賞，程普和韓當都是授兵二千，馬五十匹，黃蓋呢？

《吳書》：「拜武鋒中郎將。武陵蠻夷反亂，攻守城邑，乃以蓋為太守，時郡兵五百人，自以不敵……」

黃蓋即使當到中郎將也沒有私兵，因為他的出身有問題（孫堅死於荊州黃祖之手），算是歸正人，這樣的黃蓋說要投降，加上其他來自江東的降書，曹操當然會選擇相信。

好了，詐降放火的人有了，萬事俱備，只欠東風。

《三國演義》中，赤壁之戰無疑是最精彩的戰役，從諸葛亮舌戰群儒、龐統獻連環計、周瑜智殺蔡瑁和張允、黃蓋的苦肉計，都是後人熟記的橋段，尤其是在「借東風」這一章，堪稱諸葛亮「多智而近妖」的表現；但史實上卻截然不同，周瑜早就知道赤壁十二月有東南風。

赤壁之戰是建安十三年十二月開打，把時間往前推，早在九年前的建安四年十二月，孫策、周瑜和黃祖打了一場沙羨之戰，當時雙方的戰力如下：

孫策方：

孫策、周瑜軍團約二萬七千人，戰艦一千艘。

參戰武將：程普、呂範、韓當、黃蓋等。

黃祖方：

黃祖、劉表軍團約四萬人，戰艦六千艘。

參戰武將：韓晞、劉虎（劉表從子）等。

戰況結果：

孫策大獲全勝，擄獲黃祖家眷，黃、劉軍團被擊殺和落水者近三萬人，韓晞、劉虎戰死，荊州六千艘船全被孫策奪取，本戰堪稱孫策人生中的巔峰時刻，也是以少勝多的經典水戰，而孫策和周瑜用了什麼戰術呢？

「火放上風，兵激煙下；弓弩並發，流矢雨集。」

火放上風，就是順風放火；兵激煙下，即主動交戰於硝煙之中，弓弩一起發射，箭雨就像雨打般密集而激烈，孫策和周瑜主動發起決戰後，整場戰鬥只花了兩個小時，荊州軍大敗。

沙羨在哪？赤壁右上方不遠處。

回到赤壁之戰，一樣的十二月、一樣的周瑜、一樣的程普、一樣的韓當、一樣的黃蓋；然後，周瑜在談笑間，用了一樣的火、一樣的東風，發起一樣的決戰。曹操徹底輸了，只能狼狽逃離戰場，路經古雲夢澤又迷路，沼窪之地泥土黏濘，曹操士兵發生自相踐踏，損失慘重，好不容易才回到江陵，又擔心孫、劉追兵，便留下曹仁防守，自行北還。

赤壁之戰結束，南郡之戰開打。

回到長坂坡之戰，劉備被曹操打爆後，從漢津逃到了樊口和周瑜會合，劉備問周瑜帶了多少人，周瑜說精兵三萬，劉備很不高興地說這樣哪夠？

周瑜說：「三萬人足矣。」

《蜀書先主傳》引《江表傳》：「（劉備）問曰：『今拒曹公，深為得計。戰卒有幾？』瑜曰：『三萬人。』備曰：『恨少。』瑜曰：『此自足用，豫州但觀瑜破之。』」

赤壁之戰後，周瑜名垂千古，他容貌俊美、恢廓大度、謙遜待人、目光長遠、智計百出。在東吳一片投降聲中，和魯肅堅定一起，成為最有力的主戰派，也不負孫權所望，以少勝多，完成不可能的任務，孫權稱他王佐之資。

「孫策，我最好的朋友和兄弟，你看到了嗎？我用了當年相同的戰法，幫你守住了江東基業。」

談笑間，強虜灰飛煙滅。

人道是，三國周郎赤壁。

第八章

世上男人都一樣，孫策和周瑜怎麼娶到江東二橋？

討論這個話題之前，可以對三國美女們做個評比，正史寫美女有規則可循，一種是不直接寫出女生的美，但可以從周遭事件來判定她應該很正，例如秦宜祿前妻杜氏，原本關羽想娶，被曹操橫刀奪愛；第二種，用簡單明瞭的文字，寫出其容貌的美豔，例如孫堅的老婆吳夫人，史書是這麼描述：

《三國志．吳書．妃嬪傳》：「孫堅聞其才貌，欲娶之。」

有才貌就算了，吳夫人還很能生，總共和孫堅生了四子一女，孫策、孫權、孫翊、孫匡，還有後來嫁給劉備的孫夫人（孫尚香）。孫策是出了名的大帥哥，孫權是「生有貴象」，孫夫人則是讓劉備害怕的凶悍女人，由此可見，孫策應該是繼承母親的優良基因，孫權和妹妹則是繼承父親的容貌「不凡」，不凡就是長得奇怪的意思。

最後一種美女，她的美麗往往會造成悲劇，美到出事的那種。

三國美女比一比

如果用三國正史做比較，就會發現美女還是等級分明，舉出幾個三國知名的美女來做例子：

閉月羞花「貂蟬」

貂蟬是羅貫中在《三國演義》虛構出來的人物，歷史上沒有這個人，但有個原型人物，就是董卓的侍妾。

《三國志．呂布傳》：「布與卓侍婢私通，恐事發覺，心不自安。」

董卓進到皇城以後，享盡所有榮華富貴，盡收天下女子。呂布和侍妾（貂蟬）私通，漢代後，士大夫和百姓實行一夫一妻多妾制，也就是說，呂布和董卓的小老婆有染。呂布害怕事情敗露，董卓會對他不利，終日心懷不安。一名侍妾可以同時迷倒呂布和董卓，可見相貌應該相當不錯。不過侍妾怎麼說也是董卓的小老婆，即使古代妾不如妻，但終歸還是屬於董卓的人，而且依照呂布「不安」的程度，可以研判董卓應該相當寵愛這名小妾，不然妾的地位一向比較低下。

《春秋》：「女為人妾，妾不娉也。」

納妾一般來說不需要經過正式的聘娶手續，但畢竟男人對於喜愛的女人，被戴綠帽還是會介意，所以貂蟬的原型應該長得相當漂亮，一眾女人之中較為亮眼的美女，男人看了都想接觸的等級，畢竟董卓和呂布是見過世面的人，看的美女也多，貂蟬算是青銅級美女代表。

銅雀春深鎖二喬

《三國演義》提到江東二「喬」，羅貫中搞錯字，應該寫作「橋」。歷史上提到大小二橋的記載不多，一句話就結束了。

《三國志・吳書九》：「從攻皖，拔之。時得橋公兩女，皆國色也。策自納大橋，瑜納小橋。」

這段史實明確寫了「國色」二字，由此可見大小二橋絕對是大美女，甚至比貂蟬還漂亮許多。「國色」這個詞最早出現於《公羊傳》，當時形容的是驪姬，有絕頂出眾的容顏、冠絕一國的美色。歷史上的「國色美女」非常多，三國時期就有好幾位。

《九州春秋》：「司隸馮方女，國色也，避亂揚州，術登城見而悅之，遂納焉，甚愛幸。」

《雲別傳》：「（趙）範寡嫂曰樊氏，有國色，範欲以配（趙）雲。雲辭曰：『相與同姓，卿兄猶我兄。』固辭不許。時有人勸雲納之，雲曰：『範迫降耳，心未可測；天下女不少。』遂不取。」

袁術納了國色美女馮氏，非常寵幸她，疼愛至極。赤壁之戰過後，劉備令劉琦任荊州刺史，荊南四郡望風投降。當時桂陽太守趙範看到來接任的趙雲，便介紹國色美女寡嫂樊氏給他，希望趙雲可以接受，趙雲以「我們都姓趙，你哥就像我哥一般，這樣感覺挺像亂倫」為由拒絕。當時旁人都勸趙雲只是納妾，還是個國色美女，有什麼關係？趙雲才說出心聲：「我看趙範是被迫投降，才想利用和我的姻親關係當作保護傘，天下女人何其多，我何必自找麻煩呢？」果然趙範沒多久就跑路了，可見趙雲的優點就是不會被美色（國色）所惑，難怪劉備能安心把家眷交給他。

不過如果從古至今來看，國色美女相當氾濫，有時還有灌水嫌疑，彷彿不管身分地位，只要有心，顏值過關，人人都可以稱之為國色。以現在的角度來看，就像網美、宅男女神這類名號充斥著社群媒體，這些女生好看是好看，但就只比一般人好看而已。

《舊唐書》：「毛仲有兩妻，其一上（皇帝）所賜，皆有國色。」

《舊五代史》：「秦州風土，多出國色。」

《尹文子》：「齊有黃公者，好謙卑。有二女皆國色，常謙辭毀之，以為醜惡。」

《太平御覽》：「漢武帝嘗微行造主人家，家有婢國色，帝悅之，仍留宿。」

有時候連跳舞的女巫也有國色。

《晉書．夏統傳》：「從父敬寧祠先人迎女巫章丹、陳珠，二人並有國色，裝服甚麗，善歌舞，又能隱形匿景。」

單憑國色一詞，只能證明大小二橋是白銀級美女，即便在東漢和三國時期，也只能與趙雲拒絕的樊氏和袁術的小老婆畫上等號，還不能戴上三國的選美后冠。

到底誰是三國第一美女呢？答案即將揭曉。

三國第一美女甄宓

曹丕的皇后甄氏是三國公認第一的美女，和大小二橋、樊氏、馮氏那種一筆帶過的不同，甄氏的美充斥在各類史冊，連曹植的〈洛神賦〉都被野史認為是寫嫂子甄氏，裡頭提到宓妃，後人乾脆就把甄氏稱作甄宓，來看一下歷代文獻怎麼描述甄宓。

《世說新語》：「惠而有色。」

《魏晉世語》：「姿貌絕倫。」

《晉書》：「自曹劉內主，位以色登，甄、衛之家，榮非德舉。」

聰明美麗、美得不可萬物、靠臉就人生巔峰了。

甄宓一生在史書上帶有許多傳奇色彩，古代都以男性為主，通常不會刻意描寫女子，大部分連名字都沒寫出來，但甄宓卻被完整記錄了傳奇的一生。

光和五年（一八三年），甄氏出生於中山郡，由於先祖甄邯曾做過太保，甄家算是當地士族。父親甄逸官至上蔡縣令，母親張氏應該也是美女，總共生了三男五女，甄氏是最小的女兒。史載甄氏早慧，三歲即懂喪父之痛，異於同齡孩童，當時所有鄰居和親人都十分驚訝，覺得這個女孩太早熟了吧！傳說甄宓小時候睡覺，家人都依稀看見有人拿著玉衣（皇族死後入殮的衣服）蓋在她身上，算命先生劉良看到甄宓，指著她說：「此女貴乃不可言。」

《魏書》：「後相者劉良相后及諸子，良指后曰：『此女貴乃不可言。』」

甄宓和許多當時的女生不一樣，喜歡讀書寫字，有時會借哥哥的筆硯來使用，兄長開玩笑和她說：「女孩子應該學習女工，妳怎麼反倒喜歡讀書寫字，難不成將來要做官嗎？」甄宓回：「聽說古代的賢能女子都喜歡讀書，用書中所學來借鑑人生，我不讀書又怎麼增長見識呢？」

甄宓十多歲時遇到戰亂，百姓饑荒連年，但甄家卻囤積非常多物資，還拿了穀物來換取金銀珠寶等物。甄宓對母親說：「如今是亂世，到處都是災民，我們家反倒發了災難財，不如開倉賑濟親族鄰里百姓，將來也可以避免招來禍事。」

甄宓先嫁給袁紹二兒子袁熙為妻，袁熙去幽州做刺史，甄氏則留在鄴城侍奉婆婆劉氏。建安九年（二〇四年），曹操集團攻破鄴城，曹丕率先進到袁氏府。戰亂之中，甄氏害怕極了，她知道一個絕色美人在城破後會是什麼下場，於是她弄亂頭髮，把臉抹髒，並趴在婆婆劉氏的雙膝上。曹丕進入後，令甄宓抬起頭來，這時背景音樂響起，如偶像劇般的情節發生了。

《魏略》：「及鄴城破，紹妻及后共坐皇堂上。文帝入紹舍，見紹妻及后，后怖，以頭伏姑膝上，紹妻兩手自搏。文帝謂曰：『劉夫人云何如此？令新婦舉頭！』姑乃捧后令仰，文帝就視，見其顏色非凡，稱嘆之。」

《資治通鑑》：「太祖之入鄴也，帝為五官中郎將，見袁熙妻中山甄氏美而悅之。」

甄宓一抬頭，曹丕被迷住了。婆婆劉氏見此情形便對甄宓說：「我們不用死了。」而後曹丕向曹操求甄宓，曹操看穿兒子心思，就讓曹丕娶了甄氏。

孔融曾拿這事嘲諷：「武王伐紂，以妲己賜周公。」曹操聽不明白，問孔融此事出自哪部典故。孔融回答：「以今度之，想當然耳。」甄宓和妲己除了可能美貌相當以外，性格還真是南轅北轍，史載妲己媚主亂政，有妖后之名；甄宓除了長得極美，性格極好，還是因戰亂而被強奪，本質上和戰利品沒有區別。妲己出自本意，甄宓身不由己，孔融完全就是貧嘴，活該被殺。

只是有一點算是不符當時禮教，曹丕是「納」甄宓，不是明媒正娶，按照禮制，甄宓只能是小老婆，但她最後還是當上皇后。所以說，在絕對的美麗面前，什麼規章制度都可以破除。甄宓的美還不斷受他人誇讚，不僅曹家父子三人，連其他男子也對她印象深刻。最為知名是建安七子之一的劉楨，他老爹官居尚書郎，可說是大官中的大官。正常來說，被譽為「文章之聖」的劉楨，理應是個見過世面的才子，看過的美女想必不少，對美色基本免疫，結果他在曹丕府中做客時看見甄宓，直接把眼睛看傻了。

《三國志》裴引：「太子嘗請諸文學，酒酣坐歡，命夫人甄氏出拜。坐中眾人咸伏，而楨獨平視。太祖聞之，乃收楨，減死輸作。」

曹丕讓甄宓出來打招呼，所有人都低著頭不敢看，就劉楨一人看到變痴呆。曹丕氣到把劉楨關起來，打算判個死刑，這大概是中國史上第一次因為看美女被判死刑的案例，可見甄宓的魅力有多大。只是曹丕也算是心理扭曲的代表，自己讓老婆出來打招呼，還怪別人看她，想炫耀又不准人失態，活脫脫的心理變態。

綜合比對種種史料，我們可以判定三國第一的黃金級美女，無疑當是甄宓。

世上男人一個樣

回到主題，孫策和周瑜怎麼娶到江東二橋？現在再看一次史書，就會有全新的認知。

《三國志・吳書九》：「從攻皖，拔之。時得橋公兩女，皆國色也。策自納大橋，瑜納小橋。」

兩人打仗完了，「得」橋公兩女，從這個「得」就可以知道不是正當途徑，很可能像曹丕一樣，看到人家漂亮，就抓來當戰利品「納」了。孫策「自納」大橋，這兩個字很值得玩味，代表孫策收大橋時，完全不符合婚姻禮節，簡單來說，就是直接搶回家當小老婆。戰場上搶奪美女為妾是歷史上相當常見的事，例如晉獻公打驪戎時，搶了驪姬和她的妹妹，驪姬長得非常美豔，晉獻公非常寵愛。

真相大概拼湊出來了，孫策在打仗期間看到大橋，直接自作主張把她抓回家，大橋可能哭哭啼啼地說：「你這樣抓我回去，我家裡的父親和妹妹怎麼辦？」孫策一聽直接說這好辦，如果妹妹和你一樣美，我還有個好兄弟叫周瑜，長得帥、家世也好，就讓他娶你妹吧！周瑜看到小橋後，心想果然是美女，孫策和周瑜這時才帶著兵馬和聘禮去找橋公，說把女兒交給我們，我們肯定對她們好；橋公看著來勢洶洶的軍隊，只能勉為其難地答應。

兩兄弟還洋洋得意說戰亂期間，橋公流離失所，連未來都不知道在哪裡，這時能有我們兩個當女婿做靠山，算是不錯了，嘿嘿。

《江表傳》：「策從容戲瑜曰：『橋公二女雖流離，得吾二人作婿，亦足為歡。』」

孫策和周瑜兩人長得帥、家世又好，結果看到美女還不是用搶的，果然男人都一個樣，只有趙雲不一樣。

第九章

三國最大吃貨曹操與糖尿病患者曹丕

曹操在三國時期算是獨特的存在，由於曹魏地處中原，算是歷史正統代表，史料的描述較為飽滿，可以從許多文獻看到各種不同的曹操。

《三國演義》描寫劉備是個愛哭鬼，動不動就哭；但根據《三國志》記載，劉備是喜怒不形於色的梟雄，史書紀錄只有哭過六次，還不是為了關羽、張飛，第一次哭田豫離去，第二次哭自己在荊州無作為，第三次哭劉表墳，第四次哭龐統，第五次哭法正，最後一次哭處死劉封。

《三國志》：「備為豫州刺史，豫以母老求歸，備涕泣與別，曰：『恨不與君共成大事也。』」

《三國志》：「備曰：『吾常身不離鞍，髀肉皆消。今不復騎，髀裡肉生。日月若馳，老將至矣，而功業不建，是以悲耳。』」

《三國志》：「備過辭表墓，遂涕泣而去。」

《三國志》：「進圍雒縣，統率眾攻城，為流矢所中，卒，時年三十六。先主痛惜，言則流涕。」

《三國志》：「明年卒，時年四十五。先主為之流涕者累日。」

《三國志》：「於是賜封死，使自裁……先主為之流涕。」

最大吃貨養成計畫

相較於劉備，真正一天到晚哭不停的是曹操。曹操哭過鮑信、橋玄、典韋、張邈、袁紹、曹沖、袁渙、龐德、郭嘉、荀攸等一大票人，不管是自己、兒子、部下、戰友、敵人等，曹操統統哭過，總計約十五次；除了哭以外，曹操也愛大笑，算是性情中人。情緒以外，曹操從不遮掩欲望，不僅有廣為人知的人妻癖好，還非常愛吃。

曹操不只愛吃，還曾編撰過名為《四時食制》的美食書，雖然如今已經散佚，不過在《太平御覽》中，可以看到這本書記錄了十四條魚從產地、外型、大小到吃法，可見曹操吃魚吃出了心得。除了吃魚以外，曹操也愛喝酒，甚至還會釀酒。根據《齊民要術》記載，建安元年（一九六年），曹操曾進獻家鄉的酒給漢獻帝，但奇特的是，他不只獻酒，還連帶提供釀法。

〈上九醞酒法奏〉：「臣縣故令南陽郭芝，有九醞春酒。法用曲三十斤，流水五石，臘月二日漬曲，正月凍解，用好稻米，漉去曲滓……三日一釀，滿九斛米止，臣得法，釀之，常善；其上清，滓亦可飲。若以九醞苦難飲，增為十釀，差甘易飲，不病。今謹上獻。」

「九醞酒法」是亳州名酒，曹操還向漢獻帝建議，如果喝了覺得太苦，還有改進方法，可見他確實是懂釀酒的酒痴。二〇一八年九月十九日，金氏世界紀錄公布一項新紀錄，認定「九醞酒法」是世界上現存最古老的蒸餾酒釀造方法，可見曹操不只愛酒、寫酒，更懂得釀酒妙法。

除了喝酒以外，曹操為了養生還喝過尿，他聽民間方士建議，有時早起會喝尿來調養身體，堪稱最早的尿療法提倡者。

《後漢書．方術列傳》：「甘始、東郭延年、封君達三人者，皆方士也。率能行容成御婦人術，或飲小便，或自倒懸，愛嗇精氣，不極視大言。甘始、元放、延年皆為操所錄，問其術而行之。」

官方史料記載以外，對於曹操吃貨的民間傳說更是生動。例如曹操曾在逍遙津屯兵，有次因政務繁忙、勞碌成疾，在治療過程中，廚師選取當地嫩母雞，加入九醞酒（古井貢酒），再按照醫生建議將天麻、杜仲等中藥入菜，佐以開胃的辛香料，製成藥膳雞；當士兵端到曹操營帳時，原本食欲全無的曹操，突然聞到雞湯香氣，竟一口氣把湯喝完，三日後漸漸恢復元氣，下床繼續上班，日後更經常叫伙房兵做這道菜，做法就此傳至合淝各地，民間就把這道菜叫做「逍遙雞」、「曹操雞」了。

另一個傳說發生在官渡之戰，當時曹營軍中缺糧，很多士兵耐不住饑餓，開始徒手挖地上的泥鰍來吃，這些士兵因違反軍令，私自外逃而被軍官抓起來，曹操聽到呈報後，親自審問說：「泥鰍這玩意兒能吃嗎？好吃嗎？」士兵回說泥鰍洗乾淨後，用泥巴糊起來烤，味道可好吃了。

本就因為缺糧而頭痛的曹操，聽到後當即下令三軍動起來，統統來抓泥鰍吃（其實是自己想吃），這才度過難關。官渡之戰後，曹操班師，還令御廚做一道改良後的泥鰍菜犒賞兵士，從此大家就把這道菜叫做「官渡泥鰍」。

還有一次，曹操突然有急事找曹植。曹植趕來時，曹操發現他的嘴角有沒擦乾淨的液體，隨口問了剛剛在做什麼？曹植回說朋友送了上好的食材，便差人做了羹湯，想先試飲一碗，現在就為父親盛一碗來。曹操接過碗，喝了一口後欲罷不能，三兩口便喝個精光，詢問湯取名了嗎？曹植說這叫七寶羹，因為融合了人參、枸杞、桔梗等七種中草藥，結合駝蹄熬製而成；曹操想了一下，便對曹植說，七寶羹雖聽著好，但此羹若沒有上好的駝蹄，完全撐不上檯面，不如直白一點，改為「駝蹄羹」，從此「駝蹄羹」就成為曹操招待貴客的菜單之一。

糖尿病不是一天造成的

說完曹操，再來說說曹丕，身為吃貨的兒子，自小應該吃遍各地珍饈。其實曹丕也是吃貨，只不過他喜歡吃的東西比較固定——火鍋和水果。

火鍋，一說叫做「古董羹」，相傳是因為把食材夾入鍋中時，會有咕咚咕咚的聲音不斷傳來，便被稱作古董羹。火鍋最早記載於《魏書》，當時是用銅來製成，不過製作門檻很高，只有帝王或重臣才能吃到。

《魏書．獠傳》：「鑄銅為器，大口寬腹，名曰銅爨，既薄且輕，易於熟食。」

漢代還有一種五格濡鼎，鼎內被分為五個區域，可以分別放入豬肉、狗肉、牛肉、羊肉、兔肉等不同肉類，避免混雜時影響風味。曹丕的時期則有「五熟釜」，他會在五格中加入不同湯底，一次就能享用五種風味，和現代的「鴛鴦鍋」、「九宮格鍋」有異曲同工之妙。曹丕還曾把五熟釜當作禮物，送給當時新任相國的鍾繇，在書信中寫道：「以前的鍋只有一種味道，現在這個新品可以讓你享受到全然不同的味蕾體驗，五種風味一次滿足，你現在是相國了，得多方增長見聞，請一定要試試。」

《三國志．魏志．鍾繇傳》：「釜成，太子與繇書曰：『昔有黃三鼎，周之九寶，咸以一體，使調一味，豈若斯釜，五味時芳？』」

曹丕曾說：「三世長者知被服，五世長者知飲食。」這裡的長者不是指長輩，而是尊貴的意思，三代的貴族才知怎麼穿衣服，五代的貴族才知怎麼當美食家。總之曹丕想講的是，老子懂美食不是因為貪吃，而是身分尊貴。

除了火鍋以外，曹丕還非常喜歡吃水果。曹丕和吳質經常開宴會，他們會把水果放置到涼水中冰鎮，以突顯水果的鮮甜，尤其是葡萄。電視劇如果演到曹丕，桌邊有擺放葡萄的盤子，不時吃上幾顆，那算是劇組有深入考究，因為歷史上的曹丕確實如此。漢代因張騫通西域，當時從西域傳來葡萄（蒲萄），就開始在中原本土種植，尤其是新疆地區的氣候和地形，特別適合種葡萄。

《後漢書．西域傳》：「伊吾地宜五穀、桑麻、蒲萄。」

曹丕對葡萄可以說是到了狂熱的地步，不管是念書、吃飯、休息、睡前、閱公文，隨時都會吃上幾顆，在詔書中也寫到：「南方有龍眼、荔枝，寧比西國葡萄、石蜜乎？」意思是南方生產的龍眼和荔枝，哪比得上西邊的葡萄和蔗糖？

石蜜也是曹丕的喜好物，當時的石蜜是甘蔗提煉後製成的原始固態蔗糖，孫權曾經給曹丕上貢橘子，曹丕吃了以後眉頭緊皺，說這玩意太酸了，偶爾才有一個甜的，不好吃；過了一段時間，曹丕回送孫權一堆好禮，就想酸一下孫權，看看你吃這什麼東西啊，嚐嚐正宗的好貨吧！

《太平御覽》：「今因趙咨致文馬一匹，白鼲子裘一領，石蜜五斛，鰒魚（鮑魚）千枚。』」

當時東吳雖然位處南方甘蔗產地，但那個年代製糖技術不發達，就算是孫家人，想吃點甜的也只能喝濃縮甘蔗汁，還是一小口、一小口喝。

《江表傳》：「孫亮使黃門，以銀碗並蓋，就中藏吏取交州所獻甘蔗餳。」

曹丕一下子就送出五大包石蜜，想彰顯北方的資本實力，看來老孫家水果只有荔枝、龍眼，大概沒吃過什麼好貨吧，來，送你，不用謝了！大膽地拿回家揮霍吧！

這種送禮的惡趣味，在三國時期很常見，像是曹操曾聽說孔明有嚴重口臭，所以送了很多口香片（雞舌香）過去。雖說後人解讀成曹操有延攬諸葛亮之意，但當時全三國的人都知道諸葛亮的志業是復興漢室，所以我認為曹操是有高級酸成分在裡面。

〈與諸葛亮書〉曰：「今奉雞舌香五斤，以表微意。」

不過嗜甜如命的曹丕，死因引起諸多討論，畢竟死時才四十歲，正是年富力強的時候。《魏書》記載一份文獻，有個非常會看相的算命師朱建平，曹丕曾問他：「您看我可以活多久？」朱建平回：「我看可以活到八十歲，但四十歲時，您命中注定會有一個關，請您多注意。」沒想到曹丕的人生真的止步於四十。

《魏書》：「文帝問己年壽，又令遍相眾賓。建平曰：『將軍當壽八十，至四十時當有小厄，願謹護之。』」

曹丕年輕時身體就不太好，三十歲時，史載其「髮脂如泉，脫髮不止」，加上他不斷在文章提到「口渴」，死因很有可能就是消渴症，也就是糖尿病，曹丕的母系宗族都有「消渴」症狀，例如曹丕的表弟卞蘭就死於「苦酒消渴」。

《魏略》：「蘭苦酒消渴，時（明）帝信巫女用水方，使人持水賜蘭，蘭不肯飲。」

曹丕的生母卞夫人有四個兒子，分別是曹丕、曹彰、曹植、曹熊，除了曹熊年幼體弱多病早夭，其餘三人都有嗜糖的記載，且曹丕、曹彰、曹植都沒有活過四十歲。然而曹操其他諸子都無類似情事，曹宇、曹彪甚至以高壽著稱，所以卞家很有可能帶著糖尿病遺傳基因，才導致魏文帝曹丕、魏明帝曹叡雙雙早亡，使得曹家天下最後拱手讓於司馬氏。

《魏文帝詔》：「（葡萄）味長汁多，除煩解渴。」

《魏文帝詔》：「（真定御梨）大若拳，甘若蜜，脆若陵（菱），可以解煩釋渴。」

《魏文帝詔》中可以看到曹丕多次提到「除煩」、「解渴」，代表他平時一定深受這些症狀所苦，而糖尿病患的症狀正是口渴和煩躁，正常來說需要飲食控制，少吃甜食和油膩之物，然而曹丕的解決之道是多食瓜果來解渴，或大量飲酒設宴，更加速糖尿病惡化。為何卞夫人沒有這些症狀，還高壽七十歲呢？答案就在史書中。

《魏書》：「太后左右菜食粟飯，無魚肉，其儉如此。」

卞夫人出生貧苦，年紀大了以後去看望弟弟，吃的都是清淡粗食，也無魚肉。而曹操之所以可以活到六十六歲，除了運動量大，一生都在征戰以外，他的相關記載中很少見到大量甜食，從他所著《四時食制》中，反到是看到曹操酷愛吃各種魚類、鮑魚貝類等低脂蛋白質，喝酒場合多，但多有節制，很少見到像曹植那種喝到爛醉誤事的情況，所以曹操的高壽，和他運動多、飲食有度、適量喝酒有關。

曹丕本人不但缺乏運動，和曹植爭太子的期間，靠吃來發洩壓力，不但嗜甜、嗜酒，還喜歡吃火鍋這種高嘌呤的食物，史書還記下不少他身體狀況欠佳的內容，可見曹丕早逝應該和糖尿病併發症有密不可分的關係。

第十章

另類將軍——
屯田天賦點滿的夏侯惇

夏侯惇，字元讓，是三國時期最知名的人物之一，不過也是被《三國演義》扭曲最嚴重的人物之一。夏侯惇是曹魏集團相當重要的人物，有多重要呢？基本上等同於第二個曹操。

被《三國演義》誤解最深的形象

《三國演義》把夏侯惇描繪成粗獷武勇的盲夏侯，個性很衝、頭腦很笨、打仗很臭，而且沒有什麼戰功。不過史實上的夏侯惇不但喜歡讀書，肯為了別人拚命，加上和曹操的特殊關係，在曹魏集團是超然的存在，而且仔細看會發現，夏侯惇和曹操已經超越親人、家人、兄弟、朋友、夥伴的關係，可以說是曹操創業以來的靈魂伴侶。

「孟德！我來啦！聽說你終於要起事啦？」

「元讓終於來啦！來，坐坐坐！我和你說說後面的計畫……」

我個人認為這應該就是平常曹操和夏侯惇的對話。首先，夏侯惇和曹操是真正的直系血親。前面說到，曹家和夏侯家在漢朝姻親關係深厚，本就可以視作同族，但和夏侯淵那種「族弟」不一樣，夏侯惇和曹操不但同宗同族，還是同支的血緣關係，重點還同輩，從小光屁股一起長大的那種好朋友。

《三國志．夏侯淵傳》：「夏侯淵字妙才，惇族弟也。」

夏侯淵是夏侯惇的族弟，兩人只是同姓，最多算遠房親戚。夏侯惇和曹操的關係呢？曹操的父親曹嵩是夏侯惇家裡過繼給曹家的孩子，曹嵩該叫夏侯惇一聲姪子，夏侯惇管曹嵩叫一聲叔叔，所以曹操和夏侯惇是直系血緣的堂兄弟，是真正意義上的血親。

《三國志》：「嵩，夏侯氏之子，夏侯惇之叔父，操予惇為從兄弟。」

曹仁、曹洪看起來和曹操同姓，但不過就是同族子弟，和夏侯惇這種有過繼之實的關係相比，完全不在同一個層次。所以當夏侯惇去世時，曹丕的反應是：

《三國志．文帝紀》：「在禮，天子哭同姓於宗廟門之外。哭於城門，失其所也。」

喪禮場地是宗廟的大門外，可見曹丕從小就知道夏侯惇是自家親叔叔。古代的宗族非常重要，維護政治關係第一講求宗族，第二姻親，最後才是地緣。對於封建制度的當權者來說，宗族關係的把控絕對是首要任務，是穩定的政治資本。舉例來說，曹魏集團中後期動盪不安，夏侯淵的兒子夏侯霸出逃到蜀漢，劉禪立即鄭重接見，首先澄清往事對夏侯霸說：「你的父親是死於亂軍之手。」（撇清黃忠的殺父之仇）接著指向自己的兒子說：「看吶，這也是你的外甥啊！」

劉禪的兩任皇后張氏是張飛與夏侯氏的女兒，而夏侯氏和夏侯霸也是堂兄妹關係，故劉禪運用姻親加宗族雙管齊下的組合拳，才撫平夏侯霸不安的心。

夏侯霸在魏國也是皇親國戚，司馬氏無法為難他的家人，只能流放到樂浪郡（朝鮮），這就是宗族的重要性。

曹魏集團創始人

除了血濃於水的關係，夏侯惇還是曹魏集團的主要創始人之一，也是最重要的合夥人。曹操初創業，夏侯惇第一時間加入，不管是招兵買馬、後方調度，還是領兵作戰，全部一肩扛下，從無怨言。

事業草創期間，不管是擅長的、不擅長的，夏侯惇都親力親為，曹操第一次起兵，就是由夏侯惇、曹仁、曹洪帶著宗族子弟和旁親，約一千多人前來。

「元讓，有件事情有點難以啟齒，想問問你的意見……」

「孟德，有什麼好煩惱的？我去幫你處理就好！」

《三國志．夏侯惇傳》：「太祖初起，惇常為裨將，從征伐。」

靠著衛茲這個天使投資人給了曹操一大筆軍資，軍隊擴張到五千人，也是靠著夏侯惇、夏侯淵、曹仁、曹洪、曹純、曹劭這些宗族招募而來，就因為這些班底，曹操才能在董卓討伐戰中擠身十八路諸侯的行列。只可惜這五千人與徐榮作戰時全軍覆沒，曹家軍第一次被團滅，史書上說戰況激烈到連曹操也被亂箭射中，潰逃之時，曹洪讓出戰馬給曹操，並說出名言：「天下可無洪，不可無公。」

意思是天下有沒有曹洪無所謂，但曹操一定要活著，幸好曹洪也在敵軍追擊中活了下來。這場仗對曹操影響很大，畢竟是第一次創業失敗，他在此後曾多次提過這場戰爭。

然而，政治是現實的，當你有五千人時，去哪裡誰都會尊重；但如今班底沒了，曹操開始被其他諸侯排斥，只能回到老家樵縣，由於曹洪和揚州刺史陳溫關係比較好，曹操一行人便前往揚州，準備再次招集人馬。

《三國志·武帝紀》：「太祖兵少，乃與夏侯惇等詣揚州募兵，刺史陳溫、丹陽太守周昕與兵四千餘人。」

《三國志．曹洪傳》：「揚州刺史陳溫素與洪善，洪將家兵千餘人，就溫募兵，得廬江上甲二千人，東到丹陽復得數千人。與太祖會龍亢。」

曹洪募到幾千人，夏侯惇則和曹操募到二千人，不久兩人一搭一唱，先後拜會陳溫和丹陽郡太守周昕。可能兩人嘴甜，陳溫與周昕便送了四千人的軍隊，曹家軍的勢力又增加到接近萬人。但正所謂在創業初期，如果上帝為你關上一道門，一定會記得把你家窗戶封死，沒多久軍隊發生譁變，原來這些揚州士兵根本不想參戰，萬人軍隊全跑了，曹操再次回到原點。

《魏書》：「兵謀叛，夜燒太祖帳，太祖手劍殺數十人，餘皆披靡，乃得出營；其不叛者五百餘人。」

當天夜晚，譁變的士兵火燒曹營，軍中亂成一團，戰況慘到曹操連殺數十人（可見曹操武藝高強），而且「餘皆披靡」，「餘」肯定就是指夏侯惇、曹洪這些老班底，也是靠著他們奮勇作戰，曹操才得以逃出生天。

「孟德！你在哪?!」

「元讓！我在這裡啊！你那邊怎樣？」

「還能怎樣？和你一樣吧！」

「元讓，現在怎麼辦？」

「還能怎麼辦，一起殺出去啊！」

只不過死的死、逃的逃，萬人部隊一夕間只剩下五百人，可見曹操創業之初困難重重。這時夏侯惇對曹操來說，就像是公司小、資源少，沒錢、沒人、沒經驗，但依然跟著你苦幹實幹的老班底，吃肉時陪你，吃土時也陪你，還會和你講土其實沒想像中難吃的那種好夥伴。曹魏集團壯大的過程中，不管是討伐董卓、呂布、袁紹、劉備，甚至各種鎮壓反叛的大小仗，都是他拚死幫曹操打下來的，即使夏侯惇擅長的不是打仗。

什麼都要會的夏侯總經理

除了招兵買馬，夏侯惇還要充當人資HR，看到好人才都要幫曹操拉進來。夏侯惇介紹的人才有典韋、韓浩等一眾外姓文武，自此「夏侯派」成為曹魏集團裡最重要的派系，所有人都知道除了曹大老闆以外，還有一個夏侯總經理，而夏侯惇的為人如何呢？

《三國志．夏侯惇傳》：「性清儉，有餘財輒以分施，不足資之於官，不治產業。」

和曹洪那種貪戀財富的人不一樣，夏侯惇不喜歡身外之物，每每有多的財產，都會分給下屬或家人，從來不喜歡購置田產。他喜歡讀書，十四歲時，有人辱其師，他就把那人給殺了，才會以個性「剛烈」著稱。征戰當中，如果老師來授課，夏侯惇一定親自出帳迎接，雖然在演義和遊戲中被描繪成猛將，但實際上應該是手捧經書、接近儒將的形象。因為名聲和性格太好，加上特殊地位，曹操四方征戰期間，夏侯惇更像是鎮守後方、調度糧草兵馬的賢內助。

但該來的危難還是來了。興平元年（一九四年），曹操征討徐州陶謙，留夏侯惇守濮陽，結果張邈、陳宮反叛，迎呂布襲擊兗州。此時的兗州太守荀彧寄最速件掛號給夏侯惇，夏侯惇立刻親領大軍去救兗州。行經途中遭遇準備攻打鄄城的呂布軍，雙方立刻發生遭遇戰。

《三國志．夏侯惇傳》：「太祖征陶謙，留惇守濮陽。張邈叛，迎呂布，太祖家在鄄城，惇輕車往赴，適與布會，交戰。」

夏侯惇雖然打退呂布軍，不過卻面臨了艱難的選擇，一邊是營救鄄城裡曹家的家眷，另一邊是回防自己的駐地濮陽，私家與公家，夏侯惇該怎麼選擇？夏侯惇完全沒有思考，直接率全軍奔向曹操的家眷所在地鄄城，因為曹老闆的妻小都在那裡；由於濮陽的後防空虛，呂布便趁夏侯惇不在濮陽城中，率軍長驅直入，繳獲濮陽所有軍資，並以部下詐降，讓夏侯惇意外中計成為人質，幸虧部將韓浩用計救回，並斬首所有詐降者。

《三國志・夏侯惇傳》：「遣將偽降，共執持惇，責以寶貨，惇軍中震恐。惇將韓浩乃勒兵屯惇營門，召軍吏諸將，皆案甲當部不得動，諸營乃定。遂詣惇所，叱持質者曰：『汝等凶逆，乃敢執劫大將軍，復欲望生邪！且吾受命討賊，寧能以一將軍之故，而縱汝乎？』因涕泣謂惇曰：『當奈國法何！』……浩數責，皆斬之。惇既免。」

整個過程很有趣，完整地被史書保留下來。總之夏侯惇中計被綁後，叛軍想討要贖金，韓浩站出來說：「你們好大膽！竟敢綁大將軍？是不是不想活了啊?!而且老子奉命討賊，怎麼會在意夏侯惇呢？」叛軍被韓浩唬住，才釋放了夏侯惇。

夏侯惇內心OS：「當初介紹你進來是不是錯了？」

韓浩不講武德，把詐降的這些士兵全給殺了，再換上一副哭臉向夏侯惇解釋說這是國家大事，他只是小小的軍官，也是萬般不得已啊！最後由曹操出來調停，對韓浩說這件事情做得太好了，以後有人質的狀況都這樣辦。

獨眼龍將軍的專業耕田術

《三國志・荀彧傳》：「彧知邈為亂，即勒兵裝置，馳召東郡太守夏侯惇，而兗州諸城皆應布矣。時太祖悉軍攻謙，留守兵少，而督將大吏多與邈、宮通謀。惇至，其夜誅謀叛者數十人，眾乃定。」

夏侯惇連夜趕到鄄城，立即誅殺叛黨，不但保護了曹操家眷，還穩定軍心。這是一次非常精彩的救援戰役，可說是曹版「長坂坡之戰」。夏侯惇的出彩程度不下於單騎救主的趙雲，萬一鄄城失守，等同曹操家眷被呂布所獲，曹家子嗣命在旦夕，曹丕、曹植、曹彰等一眾子女有可能被士兵所殺，妻女可能被淫辱，整個三國歷史也會發生翻天覆地的變化。夏侯惇想都沒想，捨命保鄄城，選擇第一時間保護曹家；後來曹操急忙從徐州回來立刻組織反擊戰，與呂布作戰之中，夏侯惇被亂箭射中左眼，可說是為了曹家基業，他付出人生的一切。

《三國志．夏侯惇傳》：「太祖自徐州還，惇從征呂布，為流矢所中，傷左目。」

《魏略》記載軍中有人戲稱夏侯惇為「盲夏侯」，他非常討厭這個外號，每次從鏡子裡看到缺了左眼的臉，就會氣到摔鏡子，重視形象也是當時讀書士子的表現，可見夏侯惇身兼文武的特質。

唐朝以前文臣武將的分界不明顯，像是現代人對於滿寵，普遍以為他只是謀士，但史實上的滿寵只有一開始是文職和法官，赤壁之戰後，他就被授為奮威將軍。魏文帝時期，滿寵多次擊退東吳，屢立軍功，最後甚至有假節鉞之權，官拜前將軍，爬到和關羽同等的身分地位，還被封為南鄉侯，是不折不扣的武官銜。

不過夏侯惇領兵能力一般，不但曾敗給呂布的部將高順，前面章節提到博望坡之戰，夏侯惇親率大軍征討劉備，而李典知道劉備的厲害，耳提面命地建議夏侯惇，前方可能危險有詐，結果夏侯惇不聽而中伏，被劉備趕回老家，最後還是靠李典才把他救了出來。夏侯惇個性直率、經常中計，也因為諸多敗績，被後世笑說是常敗將軍。

《三國志．高順傳》：「（呂）布復叛為術，遣高順攻劉備於沛。破之。太祖遣夏侯惇救之，為順所敗。」

相較於戰場上的失意，曹操很快發現夏侯惇的長處——屯田。屯田制自古有之，不過相較於其他時期，曹操屯田的規模可謂前所未有。東漢末年是天災、疫情與戰亂交織的年代，普通人光吃飯維生都不容易，曹操集團在掃蕩黃巾餘黨後，獲得大量人力，但也因為人口徒增，糧食發生短缺而頭痛不已。

很多人不知道的是，曹操有過自家版本的「隆中對」，發生在曹操和謀士毛玠之間的一場對話。

興平二年（一九五年），毛玠精準地分析天下局勢，指出曹操的戰略方向，表示袁紹、劉表等人不可怕，例如袁紹好謀少斷，軍隊看似龐大，但士兵卻落得撿拾野菜、野果才能充饑的地步；劉表則是小富心態，只要不威脅到他，不會主動出擊。毛玠建議曹操想成就霸業，就必須「守位以財」。

毛玠認為當今的「財」不是金銀珠寶，而是能養人活口的「糧食」，守位以財的意思就是做好民生經濟，只要先讓人民吃飽，就可以坐大。毛玠提出一個戰略方向，但整體實行的細則還需要補充，於是棗祗、韓浩（這人也是文武雙全）站出來當總規劃師。整個服務建議書是這樣：把當時因戰亂而荒廢的土地，還有從未有人開墾的土地都變成良田，不但可以吸引大量流民，把他們和土地綁在一起，還能利用田賦，把徵收到的糧食當作軍糧，不是一舉數得嗎？招募不用錢的流民開墾不用錢的無主之地，典型的空手套白狼，怎麼看怎麼划算。但問題來了，第一步啟動資金（人口、耕具、種子）從何而來？

答案是搶劫。

曹操吸收黃巾餘黨後，人口增加約一百萬，他汰弱留強建立「青州兵」，接著親自帶領青州兵搶劫來自汝南、潁川的黃巾餘黨，取得啟動資金，接著在棗祗、韓浩的規劃下，建安元年頒布《置屯田令》，每五十流民設一屯，屯民如果使用官牛（當然也是搶來的），官府抽六成；如果使用自己的耕牛，官府抽一半，閒置的軍人設軍屯，也開放一般民眾認領土地，稱之為民屯，土地還是國家所有，人民都只是佃戶，但起碼保障了基本生活。

問題是這個方法好，其他勢力為什麼做不了？原因在於「地方豪強」，他們基本上都是小軍閥，擁有自己的部曲，大軍閥打仗和治理地方都得靠小軍閥，而豪強會私自圈禁流民，讓其成為私人的生產力，各大勢力都不敢動小軍閥這塊蛋糕。

曹操敢，而且他有夏侯惇。夏侯惇覺得這個辦法很好，利國利民，於是親自下海屯田。他本身性清儉，高風亮節，操守是一等一的好，下面人想動手腳也沒辦法，畢竟夏侯惇是十四歲就敢殺人的猛人，還有曹操撐腰，是曹魏第二號大人物。

許都在屯田制推行一年後「得穀百萬斛」，把曹操樂壞了，於是第二年開始推行到各地，曹操從此不需要再擔心缺糧。

《魏書》：「是歲乃募民屯田許下，得穀百萬斛。於是州郡例置田官，所在積穀。征伐四方，無運糧之勞，遂兼滅群賊，克平天下。」

夏侯惇做到什麼地步呢？在陳留時，當時發生旱災和蝗災，他帶領部下為民以太壽水為目標，開挖蓄洪池、建造堤壩，而且親自扛著扁擔和部下一起挑土，百姓看到後都很感動，所以他在官場名聲很好，打仗時親臨前線、屯田時以身作則，不管是人民還是部下都非常愛戴。

《魏略》：「時大旱，蝗蟲起，惇乃斷太壽水作陂，身自負土，率將士勸種稻，民賴其利。」

屯田制的成功還有一個關鍵因素——軍隊。東漢末年戰亂頻繁，盜賊四起，所有軍閥都和山賊一樣，沒事就去人民的土地搶一把。夏侯惇真正的任務是，用曹魏集團的武裝保護屯田和屯民。屯田的過程中，一定還會有人打著壞念頭來搶劫，這時夏侯惇和部屬的價值就會展現出來，雖然他是常敗將軍，但輸的都是像呂布、高順、劉備這類猛人，面對尋常盜賊，還是可以輕鬆取勝。史料上從未記載夏侯惇輸給流寇山賊的紀錄，只看到「民賴其利」。

不離不棄是我兄弟

夏侯惇是「唯一」可以隨意進出曹操居室的人，曹操中後期面對漢獻帝的保皇派，可說吃盡苦頭，在外征戰都不敢待太久，深怕許都出亂子；回到許都也不安心，畢竟隨時都可能遭到不測，所以曹操居室守備相當嚴格，沒有軍士通報，不管是文臣武將，還是多熟的面孔，一概不能擅自闖入，唯獨夏侯惇可以。

曹操常讓夏侯惇坐同一臺車，沒事就在車上話家常，軍士們只要看到夏侯惇，通常不會阻攔，任由他進出丞相府和曹操房間。

「孟德，我來啦！你又頭痛了嗎？」

「哎呀，元讓，我現在每天都煩死了！」

「唷！當年那個和袁紹一起偷搶新娘的曹操，如今也變成這樣啦？」

《三國志・夏侯惇傳》：「召惇常與同載，特見親重，出入臥內，諸將莫得比也。」

曹操讓女兒嫁給夏侯惇的兒子夏侯楙，維持兩家一家親的優秀傳統。夏侯惇雖然最後官拜前將軍，卻始終沒有「假節鉞」，這在後人來看非常弔詭，不過看了夏侯惇與曹操的一生，就可以明白根本不用假節鉞的必要。對於曹魏，夏侯惇的話就是曹操的話，夏侯惇的主意一定也是曹操的主意，這不就是所謂「假節」的真諦嗎？

曹操後來稱魏王，多名臣子都表達讓其稱帝的想法，曹操挺猶豫，找夏侯惇討論。夏侯惇說如今蜀地未平，東吳仍在，不如先滅掉劉備勢力，到時候東吳只有投降一路，那時再稱帝不是更好？曹操因此打消稱帝的念頭。沒想到樊城之戰後，關羽魂斷麥城，曹操沒多久也隨著關羽走了，這變成夏侯惇心中最大的遺憾，他經常後悔當時沒讓曹操稱帝，成了曹操一生的憾事。

曹操於二二〇年一月二十三日病逝，曹丕即魏王，拜夏侯惇為大將軍，就像是追隨好友一般，夏侯惇五個月後也病逝了。同年十一月，曹丕迫漢獻帝禪讓，魏王朝建立。若有九泉之下，我想曹操看到夏侯惇，就會馬上拉著夏侯惇的手，像當年一樣話家常：

「孟德，我來啦！」

「元讓，你終於來啦！」

「沒想到你變年輕了！」

「沒想到你眼睛恢復了！」

「來，喝酒！」

「哈哈哈哈！」

第十一章

司馬家的長壽基因——仲達的養生之道

歷史上有個「司馬懿詛咒」，就是如果要誣陷一個大臣或除掉他，就說你是不是想當司馬懿，通常該名大臣會嚇個半死，接著馬上去做你交辦的事情，或是馬上辭官保命，有違者必定淒慘無比。

司馬懿詛咒

唐朝時，李世民希望李靖可以陪同出征遼東，李靖回說：「我年紀太大，腳又不好，打不動了。」李世民反而打哈哈說：「人家司馬懿當年老了還能做那麼多事，我看他精神還是不錯啊！」李靖聽完以後驚慌失色，馬上領軍出征。

《隋唐嘉話·卷上》：「勉之，昔司馬仲達非不老病，竟能自強，立勳魏室。」

南朝時，劉宋朝中有人想害檀道濟，怎麼做呢？就說檀道濟像司馬懿。後來劉義隆因猜疑而殺了檀道濟，留下「自毀長城」的成語。北魏看到整個劉宋朝末期能打的功臣都已凋零，當然就出兵了，劉義隆到了敵人兵臨城下才悔不當初。

《南史·檀道濟傳》：「道濟立功前朝，威名甚重，左右腹心並經百戰，諸子又有才氣，朝廷疑畏之。時人或目之曰：『安知非司馬仲達也。』」

還有一個例子也很有名，武則天當時想推翻長孫無忌，讓許敬宗上書，說長孫無忌和司馬懿根本是同類人，長孫無忌因此被貶到黔州，自縊而死。

《資治通鑑》：「敬宗對曰：『無忌今之奸雄，王莽、司馬懿之流也。』」

唐朝總共用了好幾次司馬懿詛咒，而這個詛咒一直到明朝還存在著。當時夏言要搞嚴嵩父子，就說他們像司馬懿一樣專權亂政。

《明史》：「嵩靜言庸違似共工，謙恭下士似王莽，奸巧弄權、父子專政似司馬懿。在內諸臣受其牢籠，知有嵩不知有陛下。」

嚴嵩父子雖然安然度過這次危機，但到了嘉靖四十一年（一五六二年），徐階上書嚴嵩南通倭寇、北通蒙古，意圖叛變，讓嚴嵩之子嚴世藩被斬首，嚴嵩也在貧病交加中死去，可見司馬懿詛咒還是挺有效的。

司馬懿一生侍奉過曹家四代，從曹操開始，到曹丕時期的重視，最後在曹叡時期大放異彩，但於曹芳時期發動高平陵之變，誅殺曹爽、曹羲、曹訓、曹彥等一干曹氏宗親，淮南三叛中又幾乎滅掉擁曹派，最後落得「司馬昭之心，路人皆知」的情景，並於司馬炎時建立晉朝。其實司馬懿對晉朝的崛起可說功不可沒，而他維持身體健康，熬死了曹丕、曹叡，這種身體素質才是重點。

那麼，司馬懿到底是怎麼養生的呢？

基因優良

首先，司馬家族均以高壽著稱，爺爺司馬儁活到八十四歲，爸爸司馬房活到七十歲，司馬懿享年七十三歲，弟弟司馬孚更是高壽九十三歲，整個司馬家族都有長壽基因，這在當時非常罕見。

除了好基因以外，司馬家也篤信多子多孫多福氣的宗旨，司馬懿有九個兒子、兩個女兒，爸爸司馬房也生了八個兒子（史料無載幾個女兒），弟弟司馬孚有九個兒子、一個女兒，可見司馬家就是有不斷增產、讓自家子孫興旺的傳統。

美國伊利諾大學芝加哥分校公共衛生學教授奧祥斯基（S. Jay Olshansky）說：「如果不是在出生時就已經中了基因彩票，就不可能走那麼遠。所以，首要條件將是遺傳學。」

美國國家老齡研究所科學主任路易吉．費魯奇（Luigi Ferrucci）表示，百歲老人的子女通常比同齡人更健康，壽命亦更長。他說：「這可能不是一個單一基因，而是一種基因組合。」

出身士族

自古以來，「士」階級的壽命都會長不少，「士」以前是貴族所雇用的官僚或武人，曹丕訂「九品中正制」後，正式成為一個階級。士通常是一整個家族集團，受家族庇祐，災難時期整個家族會彼此支援，戰亂時期也能有序地舉家南逃，比起戰亂時不斷遭受苦難，最後只能成為流民的農民來說，士階級更能保障家族的生存。

農民沒飯吃，但士族能吃肉、喝酒；農民沒有禦寒衣物，但士族有貂皮狐裘，還有田產圈禁農民，享受廉價勞動力帶來的舒適生活，這樣的環境差異，讓士族普遍較為長壽。

此外，士階級都有讓家中子弟讀書的傳統。古代能夠讀書，就能保證家族裡無論哪一代都有官可做，一旦當上官，就能擁有更多權力來保障家族財產，如此代代相傳、代代循環，形成世家大族。

漢代雖然推行察舉制，但東漢末年天下大亂，察舉制難以執行，因此在曹操當政時，以「天下歸心」為宗旨，士人和寒門都可入仕，但士人容易拉幫結派，寒門卻只能單打獨鬥，九品中正制的雛形出現，雖說當時一個拉一個的方式，的確為曹魏集團延攬不少人才，但也種下隱患。

因為司馬家就是河北士族，九品中正制最大的受益人。

控制飲食

曹丕的短命很大部分和飲食有關，他喜歡吃火鍋，嗜甜如命，吃遍各類甜瓜密果，恨不得吃肉都要沾糖吃，還頻繁開宴會進行娛樂節目。相較於曹丕的飲食控制失敗，司馬懿的飲食控制可以說相當優秀。

司馬懿不太喝酒，很多歷史文獻中，都可以看到帝王和酒的關係，例如曹操曾經寫過「何以解憂，唯有杜康」，曹家人從此幾乎和酒畫上等號。首先是曹植常喝醉誤事，被史書記錄下來；再來是曹爽當權中後期，常飲酒作樂，連弟弟都看不下去勸誡他；曹丕更不用說了，簡直是魏晉時期葡萄酒的最佳代言人。

現代有許多科學實驗都證明酒精對人體的危害有多大，曹家人要嘛喝酒短命，要嘛喝酒誤事，總之都與酒精有關。反觀司馬懿，歷史上幾乎沒有看到他和酒的文獻記載，倒是看到不少關於他隱忍的故事，一個可以克制自己的人，通常都是從口腹之欲開始，司馬懿應該就是養生清淡飲食的代表。

司馬懿另一個關於飲食的故事，是發生在他和諸葛亮對抗的期間。他曾詢問使者諸葛亮的飲食狀況如何？

《晉書・宣帝紀》：「亮使至，帝（司馬懿）問曰：『諸葛公起居何如，食可幾米？』對曰：『三、四升。』次問政事，曰：『二十罰已上皆自省覽。』帝既而告人曰：『諸葛孔明其能久乎！』」

諸葛亮勞心過度，每天只能吃三、四升米，換算成現代的單位不過就是六百克左右，對現代人來說好像還行啊！但古代以米為主食，沒有像現代人有這麼多豐富的蛋白質肉類吃，蔬菜種類也不多，熱量攝取都是以米為主，現代一碗白飯大約二百克，熱量約三百大卡，以諸葛亮繁重的工作量，司馬懿認為行伍之人一天僅靠三碗飯肯定不夠，更何況吃的不一定是白米飯，有可能是粟飯、麥飯、豆飯等粗糧，所以斷定孔明命不長矣。

司馬懿會關照對方的飲食資訊，從細微處去發現對手狀況，代表他平時會注意飲食，飲食有度的情況下，才能發現諸葛亮的問題所在，就像現代人只會在飲食控制和減肥的情況下，才去計算每餐吃了幾份澱粉、幾份蛋白質、幾份蔬果，加上從爺爺到他本人都很長壽，想必飲食有度就是司馬家的優秀傳統。

順帶一提，諸葛亮雖然吃得少，但相傳他發明的食物不少，像是征南蠻時，發明了蠻頭（饅頭）來取代蠻民用人頭祭祀的惡習。

《誠齋雜記》：「孔明徵孟獲。人曰：蠻地多邪，用人首祭神，則出兵利。孔明雜以羊豕之內，以麵包之，以像人頭。此為饅頭之始。」

還有發明了鍋盔以利行軍打仗，饅頭和鍋盔都是方便攜帶的好物，依照諸葛亮發明木牛流馬的思維，可信度很高。

從不縱欲

曹操雖然好色，但不應歸類在縱欲的範圍，他一生有記載的妻妾大約十五、六位，加上長年不斷征戰，運動量也夠，並不是無時無刻都可以享受魚水之歡；反觀曹丕除了無法控制食欲外，性欲方面也相當放縱。《世說新語》提過一個故事，曹丕在曹操死後，選擇把曹操後宮納入自己宮中，氣得媽媽卞太后大罵他不配當人。

「魏武帝崩，文帝悉取武帝宮人自侍。及帝病困，卞后出看疾，太后入戶，見直侍並是昔日所愛幸者。太后問：『何時來邪？』云：『正伏魄時過。』因不復前而嘆曰：『狗鼠不食汝餘，死故應爾！』至山陵，亦竟不臨。」

曹叡則是不但好女色，也好男色。尤其在諸葛亮死後，西線壓力大減，更讓他本色盡現。一般來說，正史在帝王本傳中都會盡可能美化，但魏明帝本傳看起來卻讓人瞠目結舌，如果這是史官美化後的結果，可想而知曹叡在現實中有多荒唐。例如魏明帝駕崩時，宮中光是才人就超過六十四個；有時才人太多，曹叡還會送給曹爽幾個，兩人基本上無時不縱情於聲色當中，《魏略》寫得更為露骨，直接就寫曹叡後宮超過千人。

《魏書》：「爽飲食車服，擬於乘輿；尚方珍玩，充牣其家；妻妾盈後庭，又私取先帝才人七、八人，及將吏、師工、鼓吹、良家子女三十三人，皆以為伎樂。詐作詔書，發才人五十七人送鄴臺，使先帝婕妤教習為伎。」

《魏略》：「自貴人以下至尚保，及給掖庭灑掃，習伎歌者，各有千數。」

司馬懿的妻妾有幾人呢？一妻三妾而已，別看才四個老婆，他可是生了九個兒子、兩個女兒，曹叡的五個子女福薄，只有一個女兒平安長大，只能收養曹芳來傳位，可見縱欲、生育和養育不能畫上等號，一切都是氣數。

克己自律

司馬懿最大的優點就是思慮縝密，而且一旦做出決定，就會用最大程度的自律性來達成。古代做官幾乎是所有士人的目標，司馬懿也不例外，但曹操聽說他有才，想來招聘入仕，司馬懿考量後居然拒絕了。

當時曹操的策略是用人唯才，不拘出身，寒門在曹操門下較有優勢。而曹操也做出一系列打壓士族的舉動，例如邊讓，他是兖州當地士族，年少有才，曾做過名聞天下的〈章華賦〉，但他素來不喜歡曹操，常以言語文章譏諷，曹操就把邊讓殺了，族滅其家。按《資治通鑑》的說法，陳宮因曹操打壓邊讓宗族的方式感到恐懼，才會迎接呂布反抗曹操。

司馬家是士族，司馬懿覺得這個時候答應曹老闆，根本是上刀山的舉動，因此決定裝病辭謝。那時司馬懿每天只能坐著和躺著，一副行動不便的殘疾人士樣貌。曹操甚至派過刺客到他家，當刺客亮出刀鋒時，司馬懿還是躺在床上，眼神呆滯一動也不動，刺客這才相信司馬懿病了，轉身離開。

《晉書．宣帝紀》：「魏武使人夜往密刺之，帝堅臥不動。」

某天突然下起滂沱大雨，院子裡的書簡還來不及收拾，司馬懿只能跳下來，急忙把書簡拿到屋內，這一幕被家裡的婢女看到，告訴了司馬懿的夫人張春華。

張春華當然知道老公在裝，只是沒告訴家裡其他人。此時見事跡敗露，唯恐曹操知道，全家可能慘遭劫難，便一不做二不休，張春華親自拿刀殺了婢女，事後還像沒事一樣下廚做飯，可見張春華也是城府極深、心狠手辣的女主人。

《晉書》：「宣帝初辭魏武之命，托以風痹，嘗暴書，遇暴雨，不覺自起收之。家惟有一婢見之，后乃恐事泄致禍，遂手殺之以滅口，而親自執爨。帝由是重之。」

真正的自律是未達目標絕不放棄，司馬懿懂、張春華也明白，要黑就一路黑到底，更何況司馬家最重門風，張春華也是士族之女，當然會選擇站在士族的角度考量。只是曹操當上丞相，直接警告司馬懿說你再不出來，就送你吃牢飯，司馬懿所幸不裝了，直接旋風式上任。生死面前，司馬懿還是很懂變通。

曹操把司馬懿派到曹丕身旁，司馬懿馬上抓到生存之道，變成曹丕身邊最重要的親信。曹丕早期比較中二，情緒一來，眼淚容易潰堤，高興時直接摟著別人的脖子，想想挺噁心的。但司馬懿卻對曹丕盡心盡力，曹丕與曹植爭繼承人的時期，他出了不少計謀，才讓曹丕成功上位，所以曹丕對他恩寵有加。

曹丕和曹植鬥爭時，曹操多次看司馬懿不順眼，他只能裝孫子、勤奮工作，還親自下馬廄餵馬，他好歹是司馬家長子，現在給曹操當孫子，這要多大的自律性？有這種自律性，難怪可以抑制各種欲望，常保身體健康了。

不是怕老婆，而是根本不想見

相較於司馬懿的自律和變通，張春華就顯得相當極端。

晚年司馬懿寵幸年輕貌美的柏夫人，很少見張春華，某次司馬懿生病（這次是真的），張春華去照顧他，沒想到被他直接羞辱是面目可憎的老女人，氣得張春華鬧絕食，還連帶拉上兩個兒子一起，嚇得司馬懿立刻過去道歉，才讓整齣鬧劇落幕。

司馬懿晚年不想見張春華，除了年老色衰，應該還有一個重要原因——他在世界上可以騙過任何人，唯獨騙不了妻子張春華。

張春華十三歲就嫁給他，每一個眼神、每一個動作，張春華都能心領神會，張春華可以為他殺人、幫他教出最優秀的兒子，他怕張春華、也怕看到她的臉，只要看到張春華布滿皺紋的臉，司馬懿就會想起自己以前所有的不堪，那一段裝病、裝瞎、裝孫子的日子，他已經不想再裝了，打了一輩子仗，難道不能享受、享受嗎？

正始八年（二四七年），小司馬懿十歲的張春華病逝，司馬懿徹底黑化，兩年後發動高平陵之變，除掉大量曹氏宗族和政治路上的敵人。

「我從此不再忠於曹魏、不忠於妻子，我不裝了，你們要罵便罵吧！」

第十二章

諸葛亮不懂兵法？——子午谷奇謀

諸葛亮第一次北伐，堪稱是蜀漢最有可能國運翻盤的一次，一旦錯失，蜀漢國運基本上等於走到盡頭，再也沒有這麼好的戰機。自此魏國和蜀漢正式進入消耗戰，蜀漢往後的北伐都是糧草跟不上，只能罷兵作收。但這場戰役充分展現丞相優秀的戰略規劃，以及魏國的天命，諸葛亮僅出現一次人為疏失；而曹魏集團在慌亂之中做出一連串正確抉擇，最終反應神速，成功抵禦漢軍，讓諸葛亮第一次北伐以失敗作收。

這場關鍵戰役發生在建興五年（二二七年），諸葛亮寫下千古絕唱的〈出師表〉，文學造詣之高、用情之真切，讓後人每讀其文，便能深感丞相之決意。

北伐真難啊！可是臣如何苟且偷安呢？只希望臣外出之時，陛下能好好守家，倘若臣真出意外，後面的事也安排好了，陛下可就臣的安排，苟且保住漢世基業。

第一次北伐分成兩大部分：「子午谷奇謀」和「街亭之戰」。

千古謎團：魏延的子午谷奇謀

第一次北伐前，魏延提出千古疑計「子午谷奇謀」，這條計策非常奇怪，子午道出了名難走，且不利於大軍展開，《魏略》提到魏延提出只要給他精兵五千、後勤五千，便能直搗長安，讓夏侯楙望風而逃，到時丞相只要走褒斜道而行，便能一舉守住長安；《三國志》則記載魏延每次出征都向諸葛亮請兵萬人，像當時韓信一樣的打法，最後和主力會合於潼關，非常霸氣。

《魏略》：「今假延精兵五千，負糧五千，直從褒中出，循秦嶺而東，當子午而北，不過十日可到長安。楙聞延奄至，必乘船逃走。長安中惟有御史、京兆太守耳，橫門邸閣與散民之穀足周食也。比東方相合聚，尚二十許日，而公從斜谷來，必足以達。如此，則一舉而咸陽以西可定矣。』亮以為此縣危，不如安從坦道，可以平取隴右，十全必克而無虞，故不用延計。」

《三國志》：「延每隨亮出，輒欲請兵萬人，與亮異道會於潼關，如韓信故事，亮制而不許。延常謂亮為怯，嘆恨己才用之不盡。」

《魏略》和《三國志》的記載雖有出入，但魏延應該是想當韓信，自領一支精兵，畢竟蜀漢是弱國，自古來以弱勝強的戰爭，總得有個不世出的戰爭天才，他就想當那個天才，可惜丞相不許，因為蜀漢根本賭不起，且魏延可是能獨領一軍的大將，依照當時的國情，魏延要是全軍覆沒，蜀漢不但損失全國十分之一的戰力，更重要的是再也沒有魏延這種將才，也就是說，兵分兩路，丞相完全捨不得魏延這一路出意外。

諸葛亮的全局思考：東三郡

如果攤開時間線來看，會發現丞相其實是「兵分三路」，就是東路、中路和西路。東路軍是叛名昭彰的「孟達」，原為蜀漢將領，漢中之戰後，和劉封一起占領房陵、上庸、西城等東三郡；關羽敗走麥城後，孟達因與劉封不合，投降曹魏，和援軍一起擊敗劉封，魏國得以重新占據東三郡，孟達繼續駐守此地。孟達本質上是個投機分子，在魏國時很受曹丕信任，和朝中的夏侯尚、桓階保持友好，不過司馬懿看穿他的本性，屢屢建議曹丕「處理」孟達，但曹丕不聽。當曹丕、夏侯尚、桓階相繼離世後，孟達覺得靠山已倒，便開始和蜀漢、東吳眉來眼去，此時的孔明便玩了漂亮的一手——煽動孟達。

為什麼說這一手很漂亮呢？諸葛亮壓根沒想要「招降」，他要做的是「策反」。諸葛亮在魏明帝即位後，不斷和孟達通信，說盡各種噁心的好話，讓孟達起了反心，只不過孟達不但和蜀漢通氣，也和東吳方面保持友好關係，大有待價而沽的態勢，反正誰出的籌碼多，我就投降誰。孟達不但和諸葛亮有書信往來，也經常和李嚴保持熱絡連繫，身為蜀漢另一位託孤大臣，李嚴也有招降孟達的意思，好幫自己累積政治資本，將來就能和諸葛亮在朝堂上分庭抗禮。

孟達搖擺成性，丞相當然知道，便直接讓郭模出場，原本主動權在孟達手上，諸葛亮耍了一招，立刻化被動為主動，這招就是——讓曹魏預先得知孟達和蜀漢已經達成共識。

《太平御覽》引司馬彪《戰略》：「亮使郭模詐降過魏興。太守申儀與達有隙，模語儀亮言：『玉玦者，已決；織成者，言謀已成；蘇合香者，言事已合。』」

諸葛亮派郭模詐降，無意間「透露」孟達反叛的消息給魏國申儀，申儀素來和孟達不合，一聽到這個消息，馬上將此事呈報給宛城的司馬懿。東三郡的戰略位置有多重要，東三郡若失，不但荊州的西門大開，往北還可以透過武關前往長安。魏延很可能就是在丞相這個思路上提出「子午谷奇謀」，當時他的心智圖很可能是這樣：利用孟達叛亂，兵貴神速，自己親率精兵萬人，從子午道打長安；諸葛亮則帶領大軍走褒斜道進取關中，最後會於潼關，切斷關中與曹魏的聯繫，打曹魏一個措手不及。

《魏略》提到，魏延經過精算，僅需十日，萬人便可抵達長安，到時夏侯楙在得知東三郡的孟達反叛蜀漢，長安城下又突然出現魏延，疏於防備的情況，肯定會嚇破膽而逃走，如此看來，「子午谷奇謀」確有一試的可能。然而天命就是不佑蜀漢，魏明帝曹叡和司馬懿展現過人的決斷力，打出一場軍事奇蹟。

司馬懿的神反應

國家接收到反叛消息，正常的軍事流程應該是這樣：孟達反叛↓司馬懿收到消息↓呈報曹叡↓徵求群臣建議↓調集軍馬糧草↓派員發兵平叛↓抵達上庸。

整套流程大概要花一個月，這也是孟達敢倉促起兵的原因，他當時心想趁著這一個多月，上庸可以做不少防禦工事，到時就可以堅守在上庸城，和魏軍打持久戰，等待東吳或蜀漢的援軍接應，而且放眼整個魏國，孟達誰都不怕，只怕司馬懿。

《晉書》：「初，達與亮書曰：『宛去洛八百里，去吾一千二百里，聞吾舉事，當表上天子，比相反覆，一月間也，則吾城已固，諸軍足辦。則吾所在深險，司馬公必不自來；諸將來，吾無患矣。』」

結果司馬懿打出的一套流程是這樣：孟達反叛→司馬懿發兵平叛→抵達上庸。

司馬懿預判孟達要反，知道正常流程行不通，於是玩個先斬後奏，不先通報朝廷，直接帶兵上路，急行軍趕到東三郡，路上才寫信通知曹叡，還順手寫了不少信假意安撫孟達，另外指派魏軍去堵住東吳和蜀漢的援軍，一系列操作，怎麼看都像是司馬懿預先就和曹叡沙盤推演過。原本要花一個多月的流程，司馬懿最終花了多少時間呢？——八天。如果說司馬家號稱有司馬八達，那司馬懿可以號稱司馬八天。

《晉書》：「及兵到，達又告亮曰：『吾舉事，八日而兵至城下，何其神速也！』」

《晉書》：「達於城外為木柵以自固。帝渡水，破其柵，直造城下。八道攻之，旬有六日，達甥鄧賢、將李輔等開門出降。斬達，傳首京師。俘獲萬餘人，振旅還於宛。」

當孟達還在慢悠悠地蓋防禦工事，只見司馬懿率大軍至，孟達軍見狀便倉促退守上庸，最後被外甥鄧賢和部將李輔反叛，僅僅十六天，孟達便身死東三郡，從十二月孟達反叛，到隔年一月司馬懿平叛，僅僅一個月；魏延本想打個兵貴神速，結果孟達反被司馬懿打個措手不及，這可能是諸葛亮捨棄魏延「子午谷奇謀」、「與亮異道」的原因，畢竟司馬懿的可怕之處在於永遠忍得比別人久、想得比別人多、跑得比別人快。

重演時間線會發現諸葛亮第一次北伐是多麼精心巧妙的安排，孟達是二二七年十二月反叛，如果可以堅守到蜀漢、東吳的援軍，東路軍就會分散魏國的注意力；中路軍由趙雲、鄧芝出箕谷，拖住曹真主力，而諸葛亮是在隔年一月出現在隴西，做為主力的西路軍，就能有更充裕的時間，取得更多戰果。

第一次北伐前，魏國上下都認為蜀漢不可能出兵，因為當時對蜀漢北伐的共識是「全據關中」，曹魏的重點布防幾乎全在關中一帶；然而，諸葛亮在二二七年卻做出一個人事命令，繼丞相司馬後，再命魏延為涼州刺史，至此，諸葛亮的戰略意圖才真正亮底牌——全據涼州。

高手間的來回，往往就是你打我出其不意，我還你個措手不及。

諸葛亮版本的「子午谷奇謀」

再來看看丞相怎麼安排第一次北伐。諸葛亮安排兩路，一路是趙雲和鄧芝的疑兵，走箕谷佯攻郿縣，吸引曹魏主力；諸葛亮則親率大軍走祈山道攻隴右，意圖全據涼州。第一次北伐的戰略相當精彩，首先曹魏真的上當，率領主力大軍與趙雲、鄧芝對峙，隴右完全疏於防備，天水、南安、安定三郡望風而降，形勢一片大好，子午谷奇謀被丞相內化以後，以另一種形式出現，一樣造成聲東擊西的功效。

這個是諸葛亮版本的「子午谷奇謀」：先研究不傷身體，再講求效果。走子午谷實在太危險，魏延也太衝，但總歸是不錯的思路，諸葛亮便派出用兵老練穩健的趙雲和鄧芝，用兩人的名號吸住曹魏軍主力，趙雲是老面孔，大家都熟悉；

鄧芝後世名號不大，但當時可是赫赫有名，足以和趙雲媲美的猛人。鄧芝有個特色——洞悉人心。劉備夷陵兵敗、病逝白帝城後，鄧芝主動找到諸葛亮，提出建言：「我國現在先帝病逝、幼主弱小，應該派出一名可堪當重任的大使前去吳國強化盟邦。」

「我也考慮這事很久了，但找不到合適的人，今天終於找到了！」諸葛亮微笑道。

「丞相您說的是誰呢？」

「就決定是你了，鄧芝！」

鄧芝最後出色地完成外交任務，孫權非常喜歡他，因為鄧芝絕對不說謊，有一說一、有二說二，分析利弊得失極其精準，人格特質和趙雲很像，不斂私財、剛正不阿，也有軍事能力。諸葛亮病逝後，鄧芝官拜前軍師、前將軍，足以說明他當時在蜀漢的分量。

回到涼州這一路。隴右對於諸葛亮的到來，可說完全沒有防備，天水、南安、安定三郡投降，注意，這裡的投降不是三郡的軍官們集體投降，而是當地「士族」響應，協助帶路或糧草運輸等後勤任務。軍官大多逃跑到其他據點，逃跑不及的才投降，諸葛亮的首要任務是消化掉三郡地區，並攻取涼州的殘存勢力，就是祁山堡和剩下的廣魏、隴西二郡。

隴西郡太守游楚被圍困時，看穿蜀軍北伐的難處，也道出關鍵：「別為難我了，先去堵住援軍吧，如果你能堵住援軍一個月，隴西郡自然投降；堵不住援軍，你在這裡和我耗也沒用，白費功夫。」

《魏略》：「卿能斷隴，使東兵不上，一月之中，則隴西吏人不攻自服；卿若不能，虛自疲弊耳。」

游楚看穿諸葛亮北伐最大的敵人——時間。當年荊州投降曹操時，曹操還消化九個月，丞相有種就擋住關中援軍一個月，到那時，涼州地區該輸的也輸了、該投降的也投降了，還差我一個隴西郡嗎？諸葛亮則做出人生中最大的失策，獨排眾議，派馬謖前去守街亭，最後馬謖兵敗，導致第一次北伐失敗，丞相只能率隊班師，退回漢中；游楚因守土有功而封侯，愉快地度過一生。

第十三章

北伐關鍵之戰——馬謖上山錯了嗎？

時間回到劉備在荊州的時候，當時馬家有五個兄弟，陳壽在《三國志》提到「馬氏五常」的說法，五兄弟都有才幹，其中以馬良最為優秀。由於馬良的眉毛中有白色眉毛，東漢時期，長得特別、有異相是評斷人的重點，劉備常被說是大耳，關羽有著一口漂亮鬍子，馬良就被當時的人以「白眉」稱之。

陳壽《三國志．蜀書．馬良傳》：「馬氏兄弟五人，並有才名，鄉里為之諺曰：『馬氏五常，白眉最良。』」

馬謖，你為什麼要上山？

大部分的人會誤認為馬良是大哥，不過馬良的字是季常，也就是說，馬良是老四，馬謖是老五。值得一提的是，荀家有「荀氏八龍」、司馬家有「司馬八達」，馬家能被稱為「馬氏五常」，屬於地方豪強的一支。當然只有眉毛白不夠，馬良的能力還相當出眾，具體呈現在政務、外交各個層面；出使東吳時，孫權看到馬良的書信，覺得文筆不卑不亢、引經據典，相當敬重馬良；劉備發動夷陵之戰前，馬良受命去招募五溪蠻夷，成效顯著。能夠同時得到劉備和孫權的敬重，可見他做為人臣相當不錯。陳壽曾評價馬良是個可靠實在的人，不管任務多辛苦，白眉都可以靠著才能完成上級的交辦事項。

《三國志》：「馬良貞實，稱為令士……皆蜀臣之良矣。」

雖然馬良的史料不多，但書信倒是被罕見地保留下來，因為他文筆實在太好了，馬良的文章不乏引用古人範例，而且工工整整，讀起來韻律感十足。

《三國志》：「若乃和光悅遠，邁德天壤，使時閒於聽，世服於道，齊高妙之音，正鄭、衛之聲，並利於事，無相奪倫，此乃管絃之至，牙、曠之調也。雖非鍾期，敢不擊節！」

《三國志》：「寡君遣掾馬良通聘繼好，以紹昆吾、豕韋之勳。其人吉士，荊楚之令，鮮於造次之華，而有克終之美，願降心存納，以慰將命。」

劉備用人有個特點，喜歡「膽大」的人。劉備打仗往往以身犯險，在長坂坡時拿自己當誘餌去吸引曹魏主力，以保全關羽的兩棲部隊；打益州時又站在第一線，完全不畏箭雨，還是法正站到劉備前面當肉盾，劉備為了不讓法正受傷才退下來；關羽區區三萬人就敢北伐，還打到威震華夏；張飛在當陽橋上一人獨挑曹軍虎豹騎、趙子龍一身是膽、黃忠單刀就砍夏侯淵；魏延更不用說，曾在鎮守漢中時，對劉備說要一口吞掉曹魏十萬大軍。換言之，劉備身邊全是這種瘋起來不要命的幫派角色，馬良也是這種膽子大的下屬，讓他去蠻荒之地就去，出使東吳也行，反正白眉最良，你行你上。

馬良最後戰死在夷陵前線，一個核心幕僚也敢在前線扛，沒有隨著劉備返回白帝城，可見白眉真的是膽子大。九〇年代時，日本東映公司曾耗資十五億日幣，製作三部《三國志》動畫。當最後一部寫到夷陵之戰時，對馬良的描述很戲劇性，劉備被陸遜火燒連營後，倉皇出逃，馬良在慌亂之中，命令士兵和自己一起脫下衣物和弓矢，堆在路上放火，企圖阻擋追兵。東吳追兵因火阻不能前進，只能朝劉備軍放箭，馬良最後光著上身，身中十數箭，拿著武器矗立在火海當中而亡。

「陛下，不要讓我的死毫無價值……」

東映在短短的時間裡，完美詮釋馬良的人格特質，能夠用反火攻去面對東吳的火攻，這是馬良的急智；能夠一人站在前方阻擋敵軍，這是馬良的膽識，小時候看到這段畫面印象非常深刻，一直記到現在。

馬謖做為馬良的弟弟，史書上評論他「才器過人」。馬謖初隨劉備，仕途上可說一路暢通，從綿竹令、成都縣令、越巂太守，劉備也想讓他好好歷練一番，畢竟馬謖不但才器過人，還好論軍事。劉備出身寒微，從各種艱苦環境中摸滾打爬上來，用人自然毒辣，馬良性格沉穩、辦事周到，留在中央幫自己處理政務；東漢的地方一般來說都不太平，馬謖既然對軍事有興趣，剛好可以丟到地方上鍛鍊，也可以發揮「軍事長才」。

弔詭的是，史書上劉備任命馬謖為越巂太守後，他的經歷出現一段「空白」。首先建安二十三年，越巂夷王高定（華陽國志稱高定元）叛亂，本該由才器過人的越巂太守馬謖平叛，卻是隔壁的李嚴率軍鎮壓。

《三國志．卷四十．蜀書十．劉彭廖李劉魏楊傳第十》：「又越巂夷率高定遣軍圍新道縣，嚴馳往赴救，賊皆破走。」

等一下，才器過人的馬謖在哪？後來劉備死後，高定又叛亂，這次殺了越巂太守焦璜，稱王作亂。

《華陽國志・卷四・南中志》：「先主薨後，越嶲叟帥高定元殺郡將軍焦璜，舉郡稱王以叛。」

才器過人的馬謖又不見了，不是被任命為越嶲太守嗎？怎麼突然變成焦璜？《華陽國志》在這段時間內，完全沒有提到馬謖。說書人通常會運用想像力，在這件事情上指稱馬謖可能根本沒上任越嶲，不過按照當時劉備握有荊、益二州，勢如中天的情況下，馬謖要公開違背劉備的命令應該不太可能。可能的情況是，馬謖真的前往越嶲上任，不過發現當地太苦，找個理由就回來了，馬家和向家、諸葛家關係很好，屬於鐵打的荊州派，真要回來不是不可能；或者馬謖真的有留在越嶲，但才器過人的他，卻連蠻夷叛亂都沒辦法處理，只好灰頭土臉地回來。無論如何，劉備在這件事情上算是看透了馬謖，「才器過人」變成「言過其實」，馬謖從此便在劉備心中冠上「不可大用」的標籤。

《三國志・蜀志・馬良傳附馬謖》：「先主臨薨，謂亮曰：『馬謖言過其實，不可大用，君其察之！』」

劉備所謂的不可大用，其實是暗指馬謖「膽氣小」，這裡的膽小倒不是真的膽子小，而是面對問題時，展現出來的責任心和擔當。對劉備而言，膽氣比才器重要多了！劉備用的一線人才，面對關鍵問題之際，幾乎沒有一個人會往後退，全部都是先上再說，哪怕情況再危險，哪怕狀況再糟糕，基本上完全沒有孬種，這也是蜀漢受到後世多數人喜歡的主要原因。

所以劉備才會對諸葛亮說：「君其察之。」你要好好觀察，這個人可能講話很漂亮，但實際上承擔責任的決心不足，才說不是不能用，而是不可大用。但劉備在夷陵之戰把一眾中高階人才都打沒了，白帝城託孤時才會對諸葛亮說：「你的才能比曹丕高上十倍，如果劉禪是值得託付的人，你就輔佐他；如果不值得託付，你自己看著辦吧！」劉禪值不值得託付，也是來自於「膽氣」和「擔當」，因為諸葛亮不論是政務、外交、大局觀、謀略、膽氣、擔當、學習力和發明力，都是歷史上少有的大才，可是畢竟兒子很晚出生，沒有太多時間觀察，也沒有太多時間歷練，實在看不出個所以然。

《三國志．蜀書．諸葛亮傳》：「（先主）謂亮曰：『君才十倍曹丕，必能安國，終定大事。若嗣子可輔，輔之；如其不才，君可自取。』」

劉備自此退出歷史舞臺，一代梟雄就此命喪白帝城，留給蜀漢一團爛攤子，幸賴諸葛亮的力挽狂瀾，和孫權方休生養息，等到實力允許後才兵發南中，短短幾年便穩住蜀漢國祚。平南中的路上，諸葛亮刻意把馬謖帶在身邊，馬謖提出「攻心為上」的戰略方案，讓諸葛亮非常滿意，兩人常在營帳裡暢談軍事到深夜。馬謖做為參軍提出的許多建議還是不錯的，讓諸葛亮對他的好感有顯著提升，尤其他還是鐵打的荊州派。

蜀漢內部分為荊州派、東州派、益州派三大派系，益州派是本地士族，東州派是劉焉為了對抗益州派，親自拉攏培養的東州集團，兩派基本上可說矛盾頻出，鬥得水火不容，一直到劉備打下益州，從荊州帶來一批將領和幕僚，東州派和益州派的鬥爭才算告一段落。

劉備手下赫赫有名的人幾乎全是荊州派，諸葛亮、龐統、黃忠、魏延、馬良、馬謖都是；夷陵之戰時，身邊一眾文臣將領，如馮習、張南、輔匡、趙融也全是荊州人。劉備發動的夷陵之戰，把荊州派的籌碼輸個精光，這些人幾乎戰死沙場，導致荊州派在朝堂上的話語權愈來愈小，蜀漢很有可能再度陷入東州派和益州派鬥爭的場面。這也是諸葛亮為什麼這麼重視荊州派的原因，他必須讓荊州派重新崛起，馬謖就是很好的人選。

時間來到二二八年，諸葛亮發動第一次北伐。

諸葛亮讓趙雲和鄧芝做為疑兵出箕谷，成功吸引魏國大將曹真的注意力，自己繞到隴西，意欲涼州，隴西三郡望風而降，形式一片大好，想必諸葛亮事前做了不少工作，才可以成功策反隴西三郡的士族，為蜀漢提供後勤支援，但諸葛亮真正的敵人是時間。

從蜀中出發到涼州，本來就是繞一條大遠路（還是山路），魏國做為防守方，加上關中平原利於騎兵支援，諸葛亮的時間壓力本來就比魏國大上十幾倍，加上曹叡即位後，迅速掌握到諸葛亮的戰略意圖，快速做出一系列正確部署，像是親自坐鎮長安、派出大將張郃前往涼州支援，這些舉措都大幅提高諸葛亮的壓力。

《魏書》：「是時朝臣未知計所出，帝曰：『亮阻山為固，今者自來，既合兵書致人之術；且亮貪三郡，知進而不知退，今因此時，破亮必也。』」

《三國志．諸葛亮傳》：「魏明帝西鎮長安，命張郃拒亮。」

街亭的人選上，諸葛亮獨排眾議，親自欽點馬謖阻擊張郃，軍中一片譁然，因為馬謖完全沒有獨領一兵的經驗，但諸葛亮還是這麼做，並讓經驗老道的王平做副將，兩人就這麼帶著軍隊出發前往街亭。

王平到底是什麼身分？

要注意一件事，王平當時的官位除了裨將軍的重號將軍銜以外，還有一個「牙門將」的雜號將軍銜。牙門是劉備陣營裡面獨創的將軍職，屬於防禦型將領，王平以前擔任「牙門將軍」的有兩位，都是赫赫有名的大人物，一個是趙雲，長坂坡之戰後，趙雲官拜牙門將軍；另一個是魏延，劉備入蜀以後領牙門將。牙門將軍在蜀漢是特殊的存在，主公出征時，牙門將軍必須領親軍征戰；外軍征伐期間，牙門將軍必須留守中央，這個職位不但要文武雙全，還必須膽識過人。

王平的牙門將是怎麼來的呢？劉備親自給的。

《資治通鑑》卷六十八：「牙門、鎮遠，皆劉備創置將軍號。」

《三國志・王平傳》：「因降先主，拜牙門將、裨將軍。」

王平早年是巴西人，跟著部下一起轉投曹操。曹操打漢中之戰時，王平隨軍，最後漢中之戰結束時投降劉備。估計是在戰場上的出色防守表現，給劉備留下深刻印象，劉備看到他以後，覺得這人不簡單，而且王平雖然讀書不多，但從他行軍作戰的各種跡象表明，是一個膽大的人。

諸葛亮知道王平是善於防守的將領，軍中如果有這種打過漢中的沙場老將在，馬謖只要好好守住、爭取時間，把苦工都給王平執行，街亭很可能不會有問題。馬謖和王平就這樣帶著軍隊前往街亭，一個是諸葛亮欽點的心腹，一個是劉備親封的將軍，而北伐最大的悲劇即將展開。

街亭之戰的不同版本

羅貫中《三國演義》提到馬謖不在當道紮營，不管王平怎麼規勸，都要一意孤行上山，還說居高臨下才能勢如破竹，結果被司馬懿看破，立刻派出張郃斷水圍山，導致馬謖迅速敗亡。不過史實上司馬懿這時應該還在東三郡，這一說法不可信。

另一派說書人的觀點提到馬謖弄錯諸葛亮的戰略意圖，諸葛亮只是要馬謖好好守著拖時間，但他卻急著想打一場勝仗，才會違背丞相的部署，捨水上山。他太想打一場勝仗，想證明自己的能力；張郃援軍到場時，迅速對蜀漢的缺失做出決斷，當即切斷馬謖軍的水源，放火燒山，在無水又被煙燻的情況下，馬謖軍立刻崩潰；只有王平率領的一千人不斷擂鼓，佯裝伏兵，才讓張郃不敢再往前。只是街亭大勢已去，張郃也不囉唆，直接趕往隴西支援。

張郃清楚知道這趟的目的不是殲滅馬謖，而是救援涼州，只要五萬精銳進入戰場，所有還在僵持中的城池都會收到援軍消息，信心大增而堅守到最後；張郃貫徹曹叡的戰略目標，判斷精準，做事不拖泥帶水，這就是名將的價值。

反觀馬謖帶兵，各種問題不斷，軍隊裡怨聲載道，王平連連規勸，馬謖都不聽。王平說要在當道下寨，據城而守，馬謖執意上山，王平大字不識幾個，估計口才也不怎樣，完全講不過馬謖，加上自己又是副將，只能眼睜睜看著悲劇發生；街亭兵敗後，還是王平收攏散兵，安全撤離戰場，才不至於被全部殲滅。

王平最後因街亭之戰有功，回到成都後，被諸葛亮拜為參軍、進位討寇將軍、封亭侯，還把蜀漢的特種部隊「無當飛軍」交給他帶領，算是對他的肯定。

史書提到馬謖最後下獄「物故」，而街亭當中的一眾將領也受到處罰。

《三國志．王平傳》：「丞相亮既誅馬謖及將軍張休、李盛，奪將軍黃襲等兵。」

歷史上對於馬謖的死有很多討論，有人說勝敗乃兵家常事，馬謖應該罪不致死，根據《襄陽記》記載，當時很多人為馬謖求情，甚至在他死後，軍中有十萬人為其落淚，連諸葛亮也哭得死去活來；可是諸葛亮卻不得不殺他，馬謖真正該死的罪是「棄軍」，身為主將，卻丟下一萬多人逃跑；也沒有直接回朝廷，而是到向朗家中躲起來，最後才被發現問罪，向朗也因此被免官。

馬謖為什麼要上山，就是膽氣不足以號令全局，又不願拉下面子，交給文盲王平打理，且張郃支援速度超乎想像，面對曹魏名將和優勢兵力，馬謖、張休、李盛、黃襲等一眾蜀漢將領人心惶惶，身為主帥的馬謖無法即時安撫，甚至自己都被影響，才會違背諸葛亮的命令率軍登山，原想用避戰或對峙來拖延時間，沒想到被張郃打個措手不及。

反觀王平，雖然只有千人兵力，面對張郃五萬的精銳騎兵，不畏敵軍，還能在戰場中迷惑張郃，並收攏山上的敗兵，展現名將的潛力和價值，這就是劉備當時欣賞王平的真正原因。戰場上打的是士氣，是主將的戰爭意志，一個膽略不足的將領，即便足夠聰明，在生死關頭前仍不足以堪當大任。

王平在第四次北伐時，率數千無當飛軍擋住張郃的數萬部隊，隨後還射殺張郃；興勢之戰時，面對曹爽率十萬大軍來攻，手上不滿三萬兵力的王平，力排眾議，主動遣軍上興勢山布防，先遍插旗幟，讓曹魏軍誤以為興勢山有足夠兵力；後占據地理優勢，把曹魏軍卡在山道中寸步難行，曹魏軍當時所有運送的牲畜全部渴死，士氣低迷，徵調來的民伕只能在路邊大哭；後來又被來援的費禕阻斷退路，最後曹爽軍死傷過半，只能倉皇退軍。

馬謖為什麼要上山一直是千百年來討論的重點，諸葛亮可以策反三郡的士族，代表丞相早就對涼州的情報瞭若指掌，按照情報顯示，街亭肯定是有城可守；王平不是一條筋的愚將，他一定看到守城有成功的希望，只是馬謖和眾將過於膽怯，從史書上寫「舉措煩擾」就能反映馬謖內心的不安，才會朝令夕改、自擾不斷，最後碰到斷水燒山，全軍迅速崩潰，最後棄軍而逃。

這是諸葛亮人生中唯一的用人失誤，卻斷送蜀漢最好的北伐機會，然後再也沒有取得像第一次北伐的戰果。甚至王平去世後，姜維的北伐還被說成窮兵黷武，蜀漢後期上下，基本喪失戰爭的決心和意志，滅亡只是早晚的事情，這就是蜀漢的國運。

講個巧合，根據《晉書》所述，《三國志》作者陳壽，他的父親曾在馬謖身邊擔任過參軍，街亭兵敗後受到髡刑（音昆，剃光頭髮的刑罰），陳壽寫街亭時，定是帶有特別的心情撰寫，從一開始的「才器過人」、「好論軍計」，到劉備死前，特別埋下「言過其實、不可大用」的伏筆；攻南中時，提到其「攻心為上」的建議，最後在街亭之戰，陳壽寫到他「捨水上山」、「舉措煩擾」；死後十萬將士為之哭泣，陳壽用春秋筆法，為我們呈現一個活生生的馬謖，他才器過人、膽氣不足；他魅力十足、好議軍論，擔任參軍時建言獻策，卻在領軍時棄軍而逃，留下「失街亭」的遺憾。

天不盡人意，人不盡天意，或許這也是三國為什麼是千年來圈粉無數的原因吧！

諸葛亮到九泉之下看到劉備，或許會這麼說：

「陛下，對不起，臣不該錯用馬謖……」

「道什麼歉？」

「陛下不怪我？」

「你已經做得很好了，若不是我在夷陵輸掉戰爭，還能幫你留下馮習、張南、沙摩柯、程畿、黃權、馬良，你後半輩子又何會辛苦至此呢？」

「陛下……」

「馬良等我們很久了，一起去喝一杯吧！」

「馬謖呢？」

「也在，等會好好虧他一番！」

第十四章

大智若愚——劉禪的退休哲學

時間回到建興十二年（二三四年），諸葛亮病逝五丈原，這位被譽為集忠、義、智、勇的全才，自此從三國舞臺消失。劉禪聽到消息時暈了過去，回神過來後，親率大臣出城二十里，迎接諸葛亮的靈柩。這位「政事無巨細，咸決於亮」的劉禪，此時開始真正親政掌權。劉禪此後未再立丞相，而是把相權分割開來，溫和地逐步收回君權。

我不笨，只是你們沒注意

劉禪的人生一直都有爭議，一方面有人說他昏庸無能，是扶不起的阿斗；另一方面，身為三國時期在位時間最長的君主，也有人為他翻案，說他樂不思蜀是演出來的，阿斗應該是個識時務的聰明人。

可是很少有人注意時人對劉禪的評價，例如諸葛亮曾在〈與杜微書〉提到，劉禪已經十八歲了，個性寬仁、腦袋聰慧，而且可以禮賢下士，體恤臣子。為什麼諸葛亮會這麼說呢？劉備病逝白帝城後，劉禪部署了一場戰役，當時駐守在漢嘉的黃元和諸葛亮關係很差，趁孔明到白帝城接受託孤、成都空虛的期間，在年底發動叛亂。

益州治中從事楊洪進言太子劉禪，盡快命鄭綽、陳曶南下討伐黃元，成都百官聽罷都覺不妥，黃元的兵力根本不足以包圍成都，只會割據南中；群臣意見遭到楊洪反對，爭吵不休之際，十七歲劉禪做出決斷，採用楊洪的意見，派鄭綽、陳曶和親兵南下征討，二位將軍聽從楊洪的建議，在指定地點設伏，果然抓住了黃元。

《蜀書．楊洪傳》：「成都單虛，是以元益無所憚。洪即啟太子，遣其親兵，使將軍陳曶、鄭綽討元。眾議以為元若不能圍成都，當由越巂據南中，洪曰：『元素性凶暴，無他恩信，何能辦此？不過乘水東下，冀主上平安，面縛歸死；如其有異，奔吳求活耳。敕曶、綽但於南安峽口遮即便得矣。』曶、綽承洪言，果生獲元。」

楊洪是誰？當年劉備打漢中，一度支撐不住，講出著名「男子當戰、女子當運」這句話的就是楊洪。他從小比較遊俠性格，也不太讀書，但跑遍益州各處，對於地形、道路、戰略位置的非常了解，諸葛亮非常欣賞他，把他擺在劉禪身邊。

《蜀書．楊洪傳》：「軍師將軍諸葛亮以問洪，洪曰：『漢中則益州咽喉，存亡之機會，若無漢中則無蜀矣，此家門之禍也。方今之事，男子當戰，女子當運，發兵何疑？』」

劉禪已能夠正確吸納百官意見，並做出正確判斷。劉禪此時才十七歲，一年以後，諸葛亮說他「天資仁敏，愛德下士」，絕對不是奉承的話，而是有事實依據。當劉備問起劉禪如何時，孔明也說太子聰明且有肚量，有海納百川之德，因此劉備寄給阿斗的遺詔寫著，看來你已經超過我對你的期望，你要加油，真的要加油啊！

《三國志》：「射君到，說丞相嘆卿智量，甚大增修，過於所望，審能如此，吾復何憂？勉之，勉之！」

這封遺詔還寫了一句千古名言——勿以善小而不為，勿以惡小而為之。後來諸葛亮在〈出師表〉提到，要劉禪親賢臣遠小人，劉備和諸葛亮堪稱是三國中的人精，他們都看出來劉禪的優點，有器量又聰明，但旁邊需要有對的人，沒有對的人，劉禪很容易歪掉。可是蜀漢後期的問題在於——沒有人了，劉禪能夠保持政局穩定，很大一部分是參考了莊子「君上無為，臣下有為」的治國理念，因此劉禪治國非常依賴人才。

劉琰家暴案

劉禪在位期間，發生一起轟動古今的「家暴案」。

當時有位漢室宗親劉琰，早年有點才氣，喜歡高談闊論，和劉備關係很好，加上系出劉氏宗族，劉備給他一個象徵性的官位。劉禪即位以後，封劉琰為都鄉侯、車騎將軍。劉琰政治才學有限，軍事能力也不足，因此和魏延不合，常被諸葛亮斥責。

劉琰在蜀漢是個奇特人物，性格貪戀榮華富貴，妻妾居然高達數十人。蜀漢立國講究簡樸，連劉禪的宮中也只有十二人，劉琰擁親兵千人，不管吃穿用度都極度奢華，豪宅房車更極其講究，明明能力有限，一切特權只因他是劉姓宗族。

建興十二年，劉琰有名漂亮老婆胡氏入宮祝賀新年，胡氏出身名門，和太后感情很好，有很多共同話題，太后就留胡氏在宮中住一個月。劉琰左等右等，愈想愈氣，等胡氏回來以後，居然懷疑老婆一定是出軌了，對象還是劉禪！當即叫來親兵，把胡氏架起來，和士兵一起輪流打老婆，打到激動之處，還脫下髒鞋打胡氏耳光。

胡氏畢竟是名門之後，哪受得了這種侮辱，便跑到皇宮告狀，蜀漢上下震驚不已，劉琰身為車騎將軍，打曹魏都沒出什麼力，打老婆倒是很用力。而且最不應該的是，懷疑老婆和皇上有姦情，古代封建時期，皇權就是神權的象徵，皇上的名譽大過一切，就算有事也要當作沒事，何況劉禪和胡氏完全沒有互動，如果有出軌，依照蜀漢臣子的風氣，一堆大臣早就出來噴死劉禪，這也是他聽到後震怒的原因。

劉琰就像韓劇裡那些沒用的老男人，工作上失意，就把不滿發洩到老婆身上。胡氏今天會被打成這樣，可想而知其他老婆平常的生活是怎樣了。更何況劉琰的人際關係很差，和誰幾乎都不合，全國上下一致認為劉琰該當重罰，但畢竟是漢室宗族，罰多重還得問劉禪。

劉禪倒也沒囉嗦，大筆一揮，和司法官共同寫下判決書：「大漢的士兵不是來打老婆的，腳上的鞋子也不是拿來打臉的。」最後劉琰被判死刑，斬首棄市，這是一起在歷史上非常有名的家暴案，代表在蜀漢的法律裡，家暴老婆最嚴重是可以判處死刑。

《蜀書》：「十二年正月，琰妻胡氏入賀太后，太后令特留胡氏，經月乃出。胡氏有美色，琰疑其與後主有私，呼卒，五百撾胡，至於以履搏面，而後棄遣。胡具以告言琰，琰坐下獄。有司議曰：『卒非撾妻之人，面非受履之地。』琰竟棄市。自是大臣妻母朝慶遂絕。」

其實劉禪還有一層比較深的政治意味，皇親國戚怎麼樣？榮華富貴又怎樣？朕想收回還是能隨時收回，你們這幫劉姓宗族最好乖一點；另一方面也是給大臣做榜樣，朕連宗族都可以處置，你們最好把皮繃緊點，行事不要太誇張，劉禪最後還禁止大臣的妻子、母親入朝慶賀的儀式，以免風聲流言再起。從這件事情可以發現，劉禪是成熟的政治家，雖然是個溫和的人，但不是個懦弱的人，該殺人的時候，劉禪絕對不會猶豫。新年是正月，諸葛亮在同年二月出征，八月病逝五丈原。

劉禪不想給諸葛亮多操心，這種垃圾人，死好。

不是我昏庸，而是只有這些人

劉禪殺的第二個人叫李邈。

諸葛亮死後，劉禪身穿白衣，為諸葛亮舉行三天國喪，沒想到李邈跳出來說諸葛亮死得好，以後國家可以安定了，劉禪這次更乾脆，直接砍了他。

《華陽國志．卷十》：「十二年，亮卒，後主素服發哀三日，邈上疏曰：『……今亮殞沒，蓋宗族得全，西戎靜息，大小為慶。』後主怒，下獄誅之。」

劉禪亡國前，宮內用黃皓、朝堂任用諸葛瞻、軍事上任用姜維，這個組合當然稱不上好，但也不算太昏庸，蜀漢當年人才一字排開就這樣，已經到了人才凋零的局面；曹魏雖然勢微，大權落到司馬昭手中，但人家手下有鄧艾、郭淮、鍾會，還有一大票中層武官和豐沛的軍需資源，蜀漢那時除非有名將橫空出世，否則難保國祚。

魏滅蜀戰爭時，姜維被困在劍閣、諸葛瞻因猶豫失去先機戰死綿竹、成都守軍被諸葛瞻抽空，主戰派不是戰死，就是遠在他方，朝廷只剩下主和派，全部的人都說要跑路了，沒有一個人說成都能守，譙周（陳壽的老師）甚至直接主張投降，為什麼呢？魏晉實施「九品中正制」，士族都可以有官做，只是換一個老闆而已。

主和派都是益州士族。

劉禪又不笨，他當然知道主和派在想什麼，可現在兵臨城下，能戰之人大多戰死，為免百姓遭殃，降吧！

《鄧艾傳》：「劉禪遣使奉皇帝璽綬，為箋詣艾請降。」

鄧艾入城以後，大肆搜刮成都，宮中金銀和劉禪後宮都被鄧艾分給屬下，劉禪的妃子李昭儀因不堪受辱自殺，龐德之子龐會盡滅關羽後人，北地王劉諶於父親投降當天，親手殺死妻子、兒女後自殺。

不久後，姜維獻計導致鍾會之亂，魏軍發生內鬨，姜維、張翼、鍾會、太子劉璿、漢城護軍蔣斌、太子僕蔣顯、大尚書衛都全在戰亂中被亂兵所殺，鄧艾、鄧忠父子不久被誣陷謀反、處決，鄧艾在洛陽的所有兒子都以謀反罪被殺。

成都百姓再次在戰亂中遭殃。

爭什麼，活到最後的才是贏家

滅蜀之戰最奇特的是，魏軍、蜀軍、成都百姓，居然沒有一個是贏家，只有司馬昭藉著滅國功勞，於隔年封晉王，如同當年的曹操，一步之遙。

劉禪帶著張皇后和剩下的子嗣前往洛陽，司馬昭讓其受封安樂縣公，平靜地度過餘生。司馬昭留下劉禪，是因為當時東吳還在，總是要擺出一副假象，劉禪的退休生活應是富貴有餘，五十多歲的他，自小研習帝王學長大，怎麼可能不知道司馬昭之心？而蜀中舊臣為了避嫌，平時盡可能不與劉禪往來。

某天，劉禪收到一封來自司馬昭的邀請，前去赴宴。當他到了宴會現場，看到出席者盡是蜀中舊臣，司馬昭又令樂師奏蜀樂、歌伎們跳蜀舞，劉禪心想，司馬昭啊司馬昭，你的心思我又怎麼會不知道呢？當蜀中舊臣都哭泣不已，只有劉禪像沒事一樣，笑著吃飯、喝酒。

「安樂公啊！你不會懷念以前蜀中生活嗎？」

「不會啊！現在是我人生中最快樂的時刻。」

劉禪與宴會中途出去上廁所，蜀中舊臣郤正追了上去，在走廊上小聲對劉禪說：「下次司馬昭再問起的時候，您應該先看看天花板，閉上眼一陣子，接著慢慢張開說：『故國遠在蜀中，我沒有一天不懷念的。』搞不好司馬昭心情好，會讓您返回蜀中。」

劉禪聽後笑說知道了。回到宴會上，司馬昭果真問起一樣的話，而劉禪照著郤正的建議重新演了一遍，司馬昭大笑說：

「這話聽著好像是郤正教你說的啊！」

「對呀！您怎麼知道呢？」

司馬昭與左右大臣都開心不已，心想劉禪這麼痴愚可愛，應該不會有謀反之心，這場宴會結束後，司馬昭再也沒有找過劉禪麻煩，他也得以安度餘生。

「樂不思蜀」的故事，關鍵在於司馬昭如何得知郤正的建議？是走廊上的侍衛通報？還是郤正是受司馬昭的指示？史書記載劉禪到洛陽以後，因為郤正的指導，做了很多正確選擇，劉禪便感嘆實在太晚認識郤正了。郤正最後受封關內侯，並在西晉成立不久，回到四川任巴西太守，西晉對其評價是：盡心幹事，有治理之績。郤正早年在蜀漢不受重視，性格受蜀漢國風影響，不喜歡榮華富貴，反倒喜歡讀書，由於空閒時間很多，曾「盡覽蜀中群冊」，他是寒門出身，在「九品中正制」下的郤正，已是當時寒門最好的結局。

蜀漢最後投降時的降書也是郤正寫的。

劉禪一生最大的優點是選擇和自己和解，不再受世俗教條和道德綁架，許多人為了世間給予的價值觀，困住自己而惶惶不可終日，劉禪則是選擇笑罵由人，過得舒服就好，萬般都是命。據說西方有句諺語叫「Outlive your enemies.」，意思是贏過敵人最大的方式就是活得比他久，因為敵人已經出局（Out）了，你還活著（Live）。

司馬昭死於二六五年，享年五十四，西晉於隔年成立，劉備和諸葛亮一生對抗的曹魏，就此滅亡；劉禪則死於二七一年，比司馬昭還多活了六年。

西晉不久後發動滅吳戰爭，沒幾個月，東吳投降，魏、蜀、吳三國爭到最後可說不分軒輊，只有西晉是贏家。

戲精三國：那些騙過你的三國人物

作　者—李又宗
副總編輯—邱憶伶
副 主 編—陳映儒
封面設計—林采薇
內頁設計—張靜怡
董 事 長—趙政岷
出 版 者—時報文化出版企業股份有限公司
一〇八〇一九臺北市和平西路三段二四〇號三樓
發行專線—（〇二）二三〇六—六八四二
讀者服務專線—〇八〇〇—二三一—七〇五
（〇二）二三〇四—七一〇三
讀者服務傳真—（〇二）二三〇四—六八五八
郵撥—一九三四四七二四時報文化出版公司
信箱—一〇八九九臺北華江橋郵局第九九信箱
時報悅讀網—http://www.readingtimes.com.tw
電子郵件信箱—newstudy@readingtimes.com.tw
時報悅讀俱樂部—https://www.facebook.com/readingtimes.2
法律顧問—理律法律事務所　陳長文律師、李念祖律師
印　刷—勁達印刷有限公司
初版一刷—二〇二四年七月二十六日
定　價—新臺幣三八〇元
（缺頁或破損的書，請寄回更換）

時報文化出版公司成立於一九七五年，
一九九九年股票上櫃公開發行，二〇〇八年脫離中時集團非屬旺中，
以「尊重智慧與創意的文化事業」為信念。

戲精三國：那些騙過你的三國人物／李又宗著．
-- 初版．-- 臺北市：時報文化出版企業股份有限公司, 2024.07
256面；14.8×21公分．--（History系列；133）
ISBN 978-626-396-271-2（平裝）

1. CST：傳記　2. CST：三國　3. CST：中國

782.123　　113006245

ISBN 978-626-396-271-2
Printed in Taiwan